JN327366

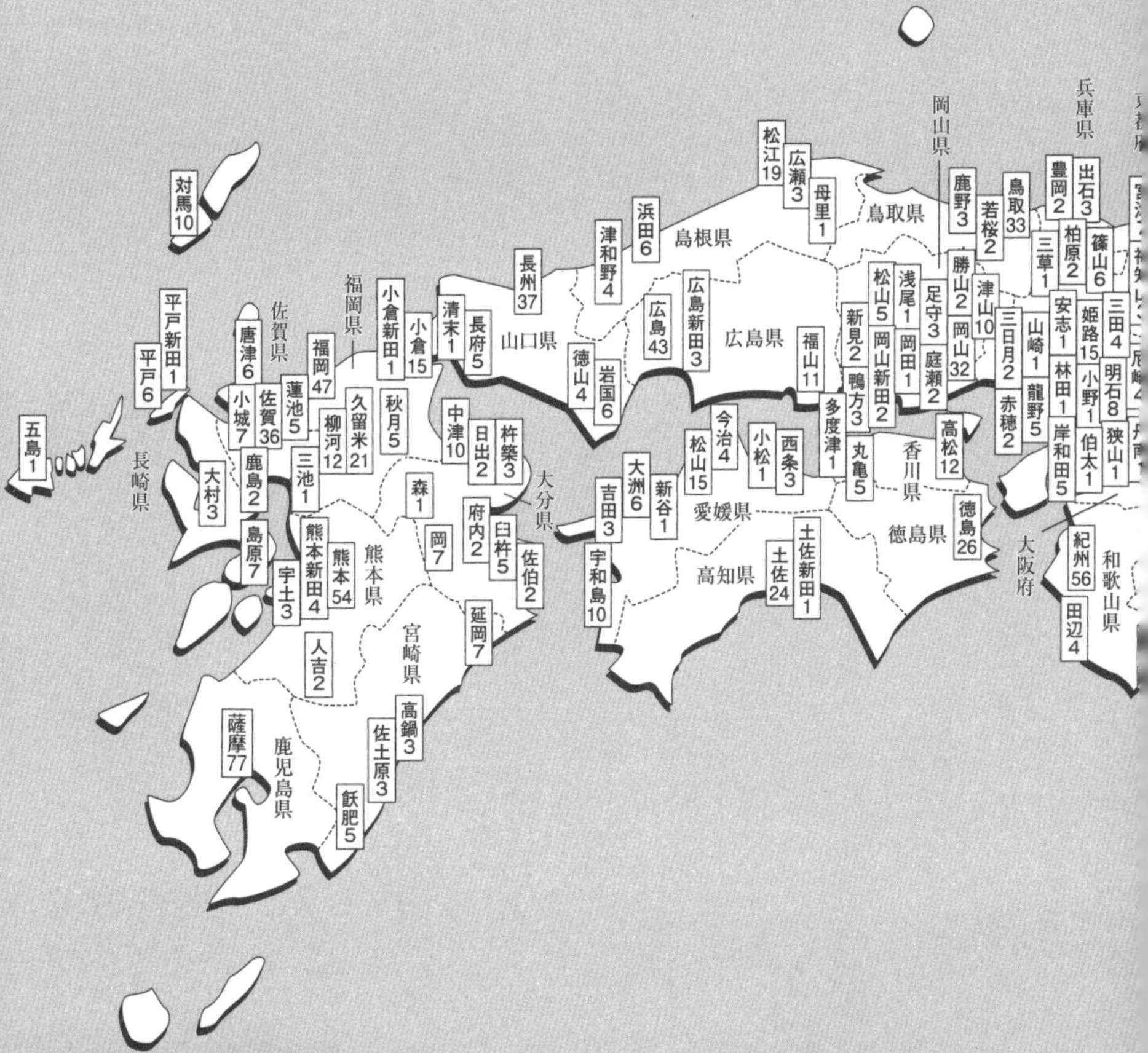

対馬 10
平戸新田 1
平戸 6
五島 1
長崎県
佐賀県
唐津 6
小城 7
佐賀 36
蓮池 5
福岡県
福岡 47
柳河 12
久留米 21
小倉新田 1
小倉 15
秋月 5
大村 3
鹿島 2
三池 1
島原 7
宇土 3
熊本新田 4
熊本 54
熊本県
人吉 2
宮崎県
森 1
岡 7
中津 10
日出 2
杵築 3
大分県
府内 2
臼杵 5
佐伯 2
延岡 7
高鍋 3
佐土原 3
飫肥 5
薩摩 77
鹿児島県
清末 1
長府 5
山口県
長州 37
津和野 4
浜田 6
島根県
徳山 4
岩国 6
広島 43
広島新田 3
広島県
松江 19
広瀬 3
母里 1
鳥取県
福山 11
今治 4
松山 15
小松 1
西条 3
大洲 6
新谷 1
吉田 3
宇和島 10
愛媛県
高知県
土佐 24
土佐新田 1
多度津 1
丸亀 5
香川県
高松 12
徳島 26
徳島県
新見 2
鴨方 3
松山 5
岡山新田 2
浅尾 1
岡田 1
足守 3
庭瀬 2
岡山県
鹿野 3
勝山 2
岡山 32
若桜 2
津山 10
鳥取 33
三日月 2
赤穂 2
山崎 1
龍野 5
三草 1
兵庫県
豊岡 2
出石 3
柏原 2
篠山 6
安志 1
姫路 15
三田 4
林田 1
小野 1
明石 8
岸和田 5
伯太 1
狭山 1
大阪府
紀州 56
和歌山県
田辺 4

シリーズ藩物語

中津藩

三谷紘平……著

現代書館

プロローグ

中津藩物語

天正十五年（一五八七）豊臣秀吉から豊前国六郡十二万石を拝領して入部した天下の軍師黒田官兵衛は、在地の勢力を押さえて中津城を築城し、近世中津藩の基礎を築き上げた。そして官兵衛はここを拠点に、秀吉の天下統一を一番近くで支えたのである。

豊前国は九州の玄関口として重要視され、慶長五年（一六〇〇）関ヶ原の戦いの後、黒田家が福岡に移封となると、豊前一国・豊後二郡三十万石の太守として、細川忠興が入部した。細川家は小倉城を本城とするが、二代忠利に家督が移った時、忠興は隠居城として中津城を改修し、自らの領地である中津領を作り上げた。

寛永九年（一六三二）、細川家は肥後移封となり、代わって小笠原家が豊前を拝領したが、その実は細川旧領を四分割し、小笠原一族の四家が分領したものであった。中津藩へは小笠原長勝が八万石で入部した。小笠原家は城下町の整備や農業振興に力を入れた一方で、歴代藩主が乱行に及んでしまうという悪政の歴史を作り上げてしまう。

藩という公国

江戸時代、日本には千に近い独立公国があった

江戸時代。徳川将軍家の下に、全国に三百諸侯《しょこう》★の大名家があった。ほかに寺領や社領、知行所《ちぎょうしょ》★をもつ旗本領《はたもとりょう》などを加えると数え切れないほどの独立公国があった。そのうち諸侯を何々家家中《けかちゅう》と称していた。家中は主君を中心に家臣が忠誠を誓い、強い連帯感で結びついていた。家臣の下には足軽《あしがる》層《そう》★がおり、全体の軍事力の維持と領民の統制をしていたのである。その家中を藩と後世の史家は呼んだ。

江戸時代に何々藩と公称することはまれで、明治以降の使用が多い。それは近代からみた江戸時代の大名の領域や支配機構を総称する歴史用語として使われた。その独立公国たる藩にはそれぞれ個性的な藩風《はんぷう》と自立した政治・経済・文化があった。幕藩体制とは歴史学者伊東多三郎《いとうたさぶろう》★氏の視点だが、まさに将軍家の諸侯の統制と各藩の地方分権が巧く組み合わされていた、連邦でもない奇妙な封建的国家体制であった。

今日に生き続ける藩意識

明治維新から百四十年以上経っているのに、今享保二年（一七一七）、小笠原家の改易にともなって入部したのが、徳川譜代の奥平家であった。拝領高は十万石。小笠原の旧領では少ないので国外に飛び地を与えられていた。奥平家は時代を通して藩政改革に努め、領内の疲弊を回復させようとするが、度重なる飢饉や災害によって、領民の一揆や逃散が頻繁に起こっている。

一方で江戸後期の学問、特に蘭学の発展は全国的にみても目を見張るものがある。杉田玄白らとともに『解体新書』を著した前野良沢や、蘭癖大名の異名をとり自ら蘭和辞書『バスタード辞書』を編纂した五代藩主奥平昌高など、多くの蘭学者を中津藩の土壌が育てている。

幕末になると国学者渡辺重名の説く草莽思想に感化された藩士たちが尊皇攘夷に燃えた。しかし、その一方で、文明開化の必要性を訴え、日本を近代化に導いた福澤諭吉も、中津藩が生んだ時代の寵児であった。

中世の時代を近世社会に変革した黒田官兵衛に始まり、藩体制を前近代のものとして西洋文化への転換を説いた福澤諭吉に終わる。日本史上の改革期に登場する二人の人物によって作られ解体された中津藩。その中津藩の物語を描いていきたい。

でも日本人に藩意識があるのはなぜだろうか。明治四年（一八七一）七月、明治新政府は廃藩置県《はいはんちけん》★を断行した。県を置いて、支配機構を変革し、今までの藩意識を改めようとしたのである。ところが、今でも、「あの人は薩摩藩の出身だ」とか、「我らは会津藩の出身だ」と言う。それは侍出身だけでなく、藩領出身も指しており、藩意識が県民意識をうわまわっているところさえある。むしろ、今でも藩対抗の意識が地方の歴史文化を動かしている。そう考えると、江戸時代に育まれた藩民意識が現代人にどのような影響を与え続けているのかを考える必要があるだろう。それは地方に住む人々の運命共同体としての藩の理性が今でも生きている証拠ではないかと思う。

藩の理性は、藩風とか、藩是《はんぜ》とか、ひいては藩主の家風ともいうべき家訓などで表されていた。

〔稲川明雄（本シリーズ『長岡藩』筆者）〕

諸侯▼江戸時代の大名。

知行所▼江戸時代の旗本が知行として与えられた土地。

足軽層▼足軽・中間・小者など。

伊東多三郎▼近世藩政史研究家。東京大学史料編纂所所長を務めた。

廃藩置県▼藩体制を解体する明治政府の政治改革。廃藩により全国は三府三〇二県となった。同年末には統廃合により三府七二県となった。

シリーズ藩物語

中津藩

目次

これも中津

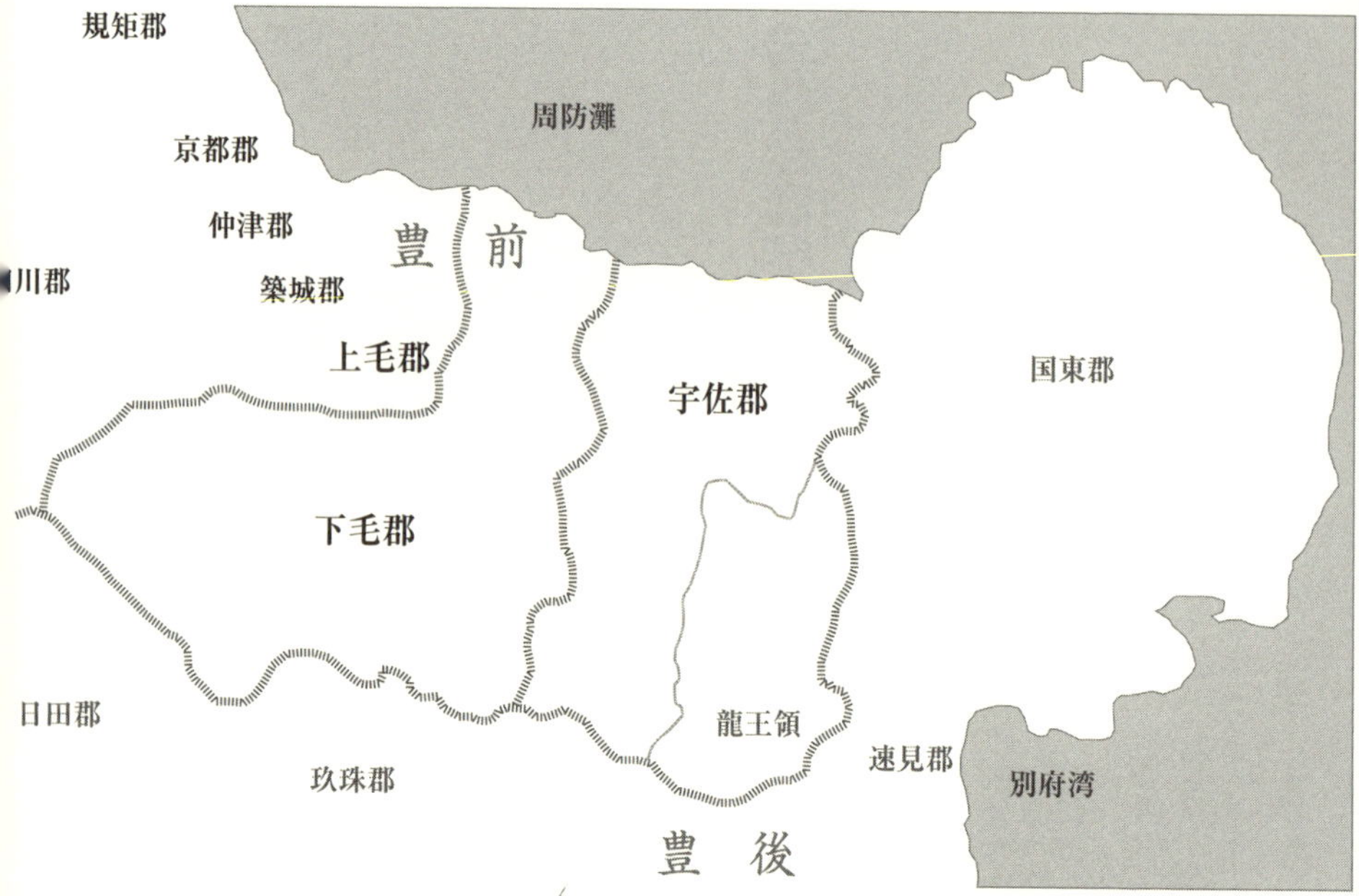

中津藩領域関連図

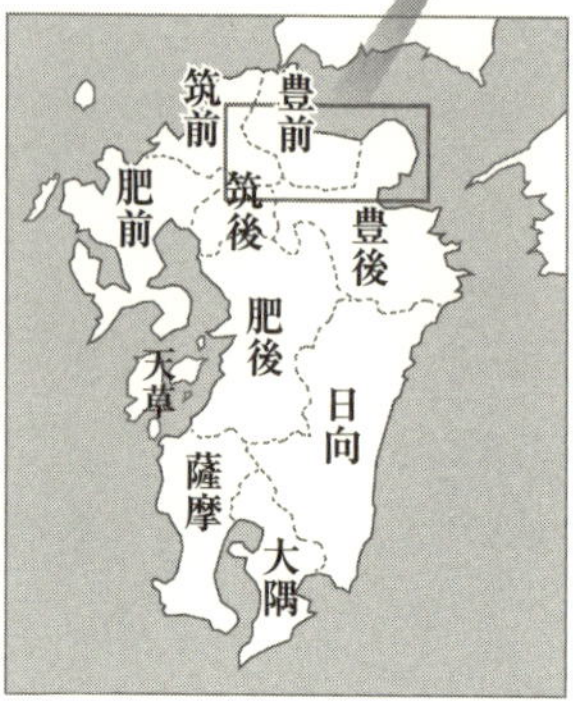

中津城天守閣から見た現在の中津市街

第一章　中津藩の始まり――黒田・細川時代

黒田氏と細川氏が藩体制の基礎を築く。

1

戦国の動乱と黒田官兵衛

軍師・黒田官兵衛。姫路の小領主であった官兵衛は、兵術と智略をもって出世した。
豊臣秀吉の軍師として取り立てられた官兵衛は、
戦国の動乱長引く九州の平定のため、豊前の地に進軍した。

宇佐神宮のお膝元・豊前中津

全国に四万社あるといわれる八幡宮の総本社、宇佐神宮。欽明天皇三十二年（五七一）に童子の姿で現れたという八幡神は、神亀二年（七二五）、現在の地に創建された社殿に祀られた。奈良時代には聖武天皇による東大寺の大仏造立に大きな援助を行い、鎮護国家の神として朝廷の崇敬を受けることになる。以来、宇佐神宮は、古代・中世の時代、九州のいたる所に神領としての荘園をもつようになった。特に下毛《しもげ》郡のうち大家《おおえ》郷《ごう》・野仲《のなか》郷《ごう》（旧中津市内）は、奈良時代に聖武天皇から与えられた「封戸《ふこ》」★から発展した荘園であり、宇佐神宮のお膝元として土地の開発が行われた。江戸時代に中津藩の米所となる中津の沖代平野《おきだいへいや》は古代の荘園から出発したのである。

宇佐神宮

▼封戸
古代の封禄制度で、特定数の戸（こ＝家）を貴族や寺社（封主〔ふしゅ〕）に支給することを「食封（じきふ）」といい、食封にあてられた戸を封戸といった。この封戸の田地が封主の私領となって荘園に発展した。

中津市大貞《おおさだ》には三角池という池を御神体とした薦《こも》神社が鎮座している。池が築造されたのは養老四年（七二〇）のことと伝えられていて、それを御神体として社殿が造営されたのは承和年間（八三四〜八四八）とされる。池は耕作地の水源を象徴していて、古代中津の水源の一つであった。この三角池には真薦《まこも》が自生していて、宇佐神宮の行幸会《ぎょうこうえ》という祭礼ではこの真薦で八幡神の御験《みしるし》である薦の枕を作っていた。行幸会とは六年に一度、薦神社で刈り取られた真薦で枕を作り、宇佐神宮の八カ所の摂社《せっしゃ》（田笛社《たぶえしゃ》、鷹居瀬社《たかいせしゃ》、泉社《いずみしゃ》、乙咩社《おとめしゃ》、大根川社《おおねがわしゃ》、妻垣《つまがき》社《しゃ》、辛川社《からかわしゃ》、小山田社《おやまだしゃ》）を巡って、宇佐神宮に入るという御験再生の祭礼であった。

この三角池の北側に、宇佐神宮から伸びる勅使が往来した官道が通り、中津平野の中心、沖代平野に向かって真っすぐ走っている。沖代平野にはこの官道を基準のラインにした条里制水田の跡が残されている。沖代条里と呼ばれる水田地帯は、八世紀に最初の開発が行われ、ほぼ現在の区割りと変わらない田園の風景、システムがつくられた。ちょうど宇佐神宮の封戸として与えられた大家郷や野仲郷にあたるので、宇佐神宮による古代の開発を物語る遺跡といえる。

中津藩史以前の中世の時代、この巨大な穀倉地帯をめぐって大内氏や大友氏といった西日本最大の勢力が争いを続け、戦国の動乱を迎える。

三角池

薦神社

豊前地方の中世

平安時代末期、平清盛が武士の世を目指して立ち上がり、朝廷の重職を平氏が独占し政治に武士が関与することになった。しかし、純粋な武家政権を目指す源頼朝の源氏と争いが起こり、結果、平家は滅びた。源頼朝は鎌倉に武家政権である幕府を樹立し、鎌倉時代に入った。平家残党の追討として鎮西奉行に任じられた天野遠景と共に鬼界ヶ島《きかいしま》に渡った下野国の御家人宇都宮信房は、その武功により、豊前国衙《こくが》の在庁職ほか、近郷の地頭職を得て関東より下向、一帯の地頭職を一族で掌握していった。宇都宮惣領家は仲津郡《なかつ》★城井浦を本拠地として、鎌倉末期には北条得宗《とくそう》家に接近し、筑後守護などの重職に就いている。南北朝時代には六代冬綱が豊前守護職に就くなど、一大勢力を築いたが、最後は南朝方に味方し、没落してしまう。

豊前国の中でものちに中津藩の中心となる下毛郡には、沖代平野を中心に、律令制の郷が荘園化した宇佐神宮御封田《みふでん》の大家郷や野仲郷が成立していた。そのうち野仲郷はその郷司職を鷹神社大宮司が兼帯していたようであるが、宇都宮氏の一族が郷司職を得て、野仲氏を名乗っている。野仲氏は耶馬溪《やばけい》の山間部の谷あいを開発し、土着すると、下毛郡一帯に勢力をはった。このため野仲氏が手中にし

▼仲津郡
現在の福岡県東部にかつて存在した郡で、行橋市と京都郡みやこ町の一部が含まれる。

た下毛郡の大半の範囲は野仲郷に組み込まれたため、現在の耶馬溪付近までも野仲郷の一部となっていたようである。

南北朝の内乱では豊後玖珠城《くすじょう》の合戦や懐良《かねよし》親王の下向などで豊前の諸氏も動乱の中にいたが、今川了俊が九州探題として下るとその指揮によって次第に南朝方は駆逐されていった。混乱も治まり、豊前国の大半が足利幕府方に従ったかにみえたが、突然、宇都宮冬綱が南朝方として高畑城に蜂起した。今川了俊は豊後の田原氏などに呼びかけ高畑城を落とした。そしてこの年、応安七年（一三七四）、中国地方を治めていた大内義弘が豊前守護に任じられたとされている。これ以後、大内氏の勢力は南下し、豊前の地に覇を唱えていた宇都宮一族はその被官として支配下に置かれていった。支配機構としては、豊前守護代のもと、郡代や段銭《たんせん》★奉行に地元の国人《こくじん》★を補任させ、一宮である宇佐神宮などの造営も怠らなかった。

しかしながらその支配も磐石ではなく、応仁・文明の乱★以後、豊後の守護大名として領国を固めていた大友氏は豊前に侵入し、一時その支配を行っている。

戦国期にはその争いが苛烈になり、大友宗麟が力をつけ、豊前守護職・九州探題職を得る一方、大内氏は没落し、それにかわる毛利氏が台頭して、大友氏との争いが続いた。

天正六年（一五七八）、大友宗麟が耳川《みみかわ》の合戦で島津氏に大敗すると、下毛の野仲氏などは大友氏から離反自立し、独自に下毛・上毛《こうげ》の所領支配を行っている。

▼段銭
田畑一反あたりに賦課された臨時の税。室町時代には守護などが私的に徴収した。

▼国人
特に戦国期に成長した領域的な支配をする在地領主。

▼応仁・文明の乱
応仁元年（一四六七）から文明九年（一四七七）まで継続した室町幕府の内乱。有力守護大名が東西に分かれて京都を中心に戦った。乱の後、戦国時代に突入した。

豊前の地でも島津に与《くみ》した国人領主らが大友や毛利の支配から独立し、まさに群雄割拠の状態であった。島津に追いつめられた大友宗麟は秀吉に島津征伐を請うた。そしてこのような中、この地にのちに中津藩の基礎を築く黒田官兵衛が、豊臣秀吉による九州征伐の先鋒として降り立つのである。

軍師・黒田官兵衛の誕生

さて、九州征伐において軍監を命じられ、豊前国に侵攻した黒田官兵衛は、のちに初代中津城主となる男である。官兵衛は豊臣秀吉の軍師として暗躍し、豊前国を与えられて大名へと立身した。その彼の半生をみていこう。

官兵衛は天文十五年（一五四六）十一月二十九日、播磨国姫路城代であった黒田職隆《もとたか》の嫡男として生を受けた。黒田氏は近江源氏佐々木氏の流れで、近江国伊香郡黒田村を名字の地としていた。曾祖父高政の時、近江より備前国邑久郡福岡村に移り、祖父重隆の代には播磨に移住し、守護赤松氏の重臣小寺氏に仕え、姫路城代を任せられていた。父職隆は、小寺政職《まさもと》の家老に抜擢され、小寺の姓も授かっている。

官兵衛はこの職隆と母である明石宗和の娘の間に生まれた。出生した時のことはこのように伝えられている。「雲降りてその家をおおう。これ英雄の生まれる

黒田如水像（大分県立歴史博物館蔵）

奇瑞《きずい》なるべし」。

幼名を万吉、のちに孝高《よしたか》と名乗る。通称は官兵衛、有名な如水という号は出家後の呼称である。

永禄十年（一五六七）、父から家督を譲られた官兵衛は家老職も継ぎ、主君政職の姪である櫛橋伊定《これさだ》の娘光《てる》を正室に迎えた。この頃、播磨国では、守護である赤松晴政と対立した守護代浦上氏が晴政の子義祐《よしすけ》を擁立し、親子が対立する構図となっていた。これに晴政を支援する西播磨守護代赤松政秀（龍野赤松氏）がからみ、家を二分する争いに発展した。守護代浦上政宗は、それまで争っていた弟の浦上宗景《むねかげ》や、姫路の領主小寺政職と同盟を結び、政秀の勢力に対抗した。

官兵衛が家督を継ぐ三年前の永禄七年、政宗の二男清宗と、官兵衛の妹である黒田職隆の娘の婚礼が整った。正月十一日の婚礼当日、悲劇が起こる。宴席の最中に赤松政秀の奇襲を受け、浦上親子ともども妹が殺害されたのである。この惨劇により、小寺氏・黒田氏は政秀と真っ向から対立することになる。

そして永禄十二年、その火蓋は切られた。赤松政秀は、織田信長に属する池田氏・別所氏の支援を受け、姫路城に攻め寄せたのである。政秀軍は三〇〇〇の兵、対する官兵衛の兵はわずか三〇〇。圧倒的に不利であった官兵衛は姫路城を出て青山に兵を伏せ、行軍してきた政秀軍に奇襲をかけてこれを退けた。

いったん兵を引いた政秀であったが、ふたたび兵を進め小丸山という山に陣を張った。官兵衛は、土器山《かわらけやま》に陣を置き対峙した。政秀は兵の数では有利であったが、計略をもちいて官兵衛の陣に奇襲を仕掛けた。奇襲を受けた黒田軍は混乱を極めたが、官兵衛はこれを指揮し、兵を整えて奮い立たせ、粉砕覚悟で政秀の陣への強襲を断行した。反撃の余力はないと慢心していた政秀軍は崩れ、龍野まで敗走した。青山・土器山の戦いと呼ばれるこの戦《いくさ》で、見事に打ち勝った官兵衛は小寺家家臣内での発言力を強めていった。しかし、播磨国でも群雄割拠の時代であったこの戦国の世で、一地方領主の家老として精一杯活動していた官兵衛の前に、常識を覆す強大な勢力が迫ってきたのである。それが天下布武を目指す織田信長であった。

中国地方の毛利氏の勢力は、出雲の尼子、備前の浦上、備中の宇喜多を押さえ、徐々に播磨に迫っていた。一方で幕府を押さえた信長も中国地方平定に乗り出していて、両者が播磨でぶつかり合う構図となっていた。天正三年（一五七五）、小寺政職は重臣を集め、信長につくか毛利につくか評定《ひょうじょう》を開いた。この評定で多くの重臣が毛利につくことを主張した中で、官兵衛だけは信長につくべきことを主張した。信長の行動力を分析した官兵衛の主張は他の重臣を納得させ、小寺氏は信長に属することが決定した。

官兵衛は小寺家の使者として岐阜の信長のもとへ赴いた。信長との謁見の中で官兵衛は、播磨や中国地方の情報を事細かに説明し、どのように攻略すべきかを

織田信長像
（長興寺蔵／豊田市郷土資料館蔵）

注進し、これを聞いた信長は豊臣秀吉（当時は羽柴秀吉）を総大将に中国の毛利攻めを決定したという。

官兵衛は秀吉による毛利攻めの案内役を買ってでた。驚くべきことは、まず自らの居城である姫路城を秀吉に差し出したことである。播磨の中心にある姫路はたしかに拠点としては都合のいい場所であった。時代を読んで、伝統や常識に縛られない柔軟な考え方、それを官兵衛はもっていたのである。

信長方についた小寺家は周囲の毛利方の勢力に囲まれる形になったが、官兵衛は播磨の小領主たちのもとを訪れ、説得を行っている。その甲斐があって当初東播磨は信長方に属したように思われたが、東播磨最大の勢力であった三木城の別所長治が突如叛旗をひるがえし、それに同調するように、信長の家臣であった摂津有岡城の荒木村重が謀叛《むほん》を起こした。信長旗下において西畿内の有力な武将だった荒木の謀叛は、信長自身や播磨を攻略中の秀吉にとって大きな衝撃であった。播磨国の国人や土豪らが荒木に呼応し、反信長共同体となり始めたからである。秀吉配下の者たちが荒木の説得に向かったが、かたくなに退けられたため、最後は官兵衛が説得役を買ってでた。しかしここで、荒木に捕縛され、地下牢に幽閉されてしまう。幽閉されていた期間は約一年間。『黒田家譜』には、有岡城を信長軍が攻め落とした際に、黒田家家臣の栗山善助（備後守利安）によって救出されたと記述されている。官兵衛はこの頃、主君小寺氏から名字を許され、小寺官

豊臣秀吉像（高台寺蔵）

兵衛孝高と名乗っていたが、小寺氏は、官兵衛の幽閉中、別所や荒木に同調して、城を出て出奔してしまったため、信長から黒田の姓に復するように命じられた。これによって官兵衛は正式に秀吉配下の武将として信長の幕下に列を連ねたのであった。

天正九年の鳥取城攻め、翌十年の備中高松城攻めにおいてその軍師として計略をめぐらせ、諸城を落としていったのである。

官兵衛の戦術

ここで、官兵衛が指揮した戦の中でもっとも著名な備中高松城の水攻めについてみてみよう。

播磨・備前平定ののち、但馬・因幡において山名豊国・吉川経家らを降した秀吉は毛利輝元征伐のため備中に兵を進めた。しかし、その足を止めたのが、「中国第一の名城」と名高い高松城である。天正十年（一五八二）四月、秀吉は高松城攻めにとりかかる。城主は毛利方の将・清水宗治で、低湿地帯に築かれた沼城に三〇〇〇人ほどの兵が立て籠もり防戦した。秀吉は、周辺の出城《でじろ》を次々に落とし、高松城を孤立させたが、湿地で攻めにくい城の構造と、毛利の援軍四万が向かっているとの報を受けて士気が高まっていた宗治の兵を前に、膠着《こうちゃく》を余儀な

歌川芳虎筆「赤（高）松水攻之図」
（東京都立中央図書館特別文庫室蔵）

毛利輝元像（毛利博物館蔵）

くされていた。ここで官兵衛は秀吉に水攻めの策を提案したのである。

五月八日、官兵衛は陣を張っていた石井山の麓である蛙《かわず》ヶ鼻《ばな》から足守《あしもり》川の渕にある門前という集落まで、高松城を取り囲むように堤の築造を開始した。急速な土木工事の結果、わずか十一日で高さ八メートルにして全長約三キロメートルの長大な堤が完成した。この堤の内に川の水を流し込むと高松城は本丸まで水に浸かり、城内の兵たちはたちまち疲弊した。ここに飛び込んできたのが、本能寺の変の報である。秀吉は清水宗治の切腹を条件に城内の兵の助命を約束すると、大急ぎで明智光秀討伐に向かった。世に言う「中国大返し」である。この時、毛利氏と和睦し、明智光秀を討つように進言したのも官兵衛だったといわれ、まさに秀吉の天下取りに官兵衛はなくてはならない存在であった。

耳川の合戦と豊臣秀吉の九州征伐

山崎の合戦で明智光秀を討ち、実質、信長の後継者となった秀吉は、柴田勝家や徳川家康といった有力者たちに競り勝ち、天下統一の駒を進めていった。官兵衛は大坂城築城の縄張や四国攻めの軍監を務め、天正十四年（一五八六）に従五位下勘解由《かげゆ》次官に叙任され、名実ともに秀吉政権の軍師・監査の役を担っていた。

その頃九州では、豊後の大友、防長★の毛利、肥前の龍造寺、そして薩摩の島津

高松城跡

▼防長
周防と長門。

が群雄割拠し、九州を手に入れようと攻防を繰り広げていた。天正六年、島津勢によって日向国《ひゅうが》を追われた伊東氏が豊後に落ち、大友氏を頼ると、大友宗麟は長年の宿敵であった島津義久との決着を迫られた。

三月十五日に大友軍四万の兵が日向に向けて出立。四月に縣《あがた》（現・宮崎県延岡市）の松尾城を攻略。一帯を占領すると宗麟は、イエズス会の宣教師カブラルやアルメイダを呼んで、キリスト教国家の建設を目指した。十一月九日、島津領内に侵攻し、島津家久が拠る高城（現・宮崎県児湯郡木城町）を包囲した。大友軍は兵糧攻めを行うも、十二日、島津義久の本隊が到着し突入すると、戦局がかわり大友軍の敗北は必至となっていた。敗走する大友軍を島津勢が追撃したため、追い詰められた大友軍は増水した耳川に阻まれ、多くの兵が溺死、または島津軍の手にかかった。この戦いの戦死者は三〇〇〇人に上るという。

天正十二年、龍造寺隆信が沖田畷《おきたなわて》の戦いで島津義久の弟家久に敗れると、九州のほとんどが島津氏の手中におさまった。勢いにのり北上を始めた島津氏に呼応するように、豊前の高橋元種《もとたね》や筑前の秋月種実《あきづきたねざね》は、大友氏に叛旗をひるがえした。北と南を反大友勢力に囲まれ窮地に陥った大友宗麟は、天正十四年四月に大坂城へ赴き秀吉に島津征伐の援軍を要請したのである。秀吉はこの時すでに、九州はもちろん、明国《みん》への出征を頭に描いていた。

大友氏の要請を受けて、秀吉は九州征伐を計画する。同年十月、その先鋒とし

龍造寺隆信像（部分）
（佐賀県立博物館蔵）

大友宗麟像（部分）
（瑞峯寺蔵）

て軍の目付を仰せつかった官兵衛は小早川と共に豊前に進駐した。豊前では島津方の武将・高橋元種の諸城である小倉《こくら》城（現・福岡県北九州市小倉北区）、宇留津《うるつ》城（現・福岡県築上郡築上町宇留津）、香春岳《かわらだけ》城（現・福岡県田川郡香春町香春）などを攻め落とし、天正十五年三月に秀吉を小倉に迎えている。官兵衛は諸将と共に日向へ、秀吉軍は肥後へと兵を進め、ついに島津義久は降伏し、九州は平定されたのである。

小倉城

「耳川合戦図屏風」
（相国寺蔵）

②　九州仕置と国人一揆

島津氏を征伐し九州を平定した秀吉は国割りをして大名を配置した。
豊前六郡を与えられた官兵衛はすぐに検地などを実施し、統治を始めた。
しかし、旧領主宇都宮氏を中心とした国人一揆が官兵衛の前に立ちはだかった。

黒田官兵衛、豊前六郡を与えられる

秀吉は九州平定の後、筑前国箱崎にて九州の大名配置を行った。豊前国については、規矩《きく》・田川の二郡は毛利勝信に与え、残りを官兵衛に与えたのである。天正十五年（一五八七）七月、豊臣秀吉より豊前国京都《みやこ》、築城、仲津、上毛、下毛、宇佐の六郡を与えられた官兵衛は豊前に入国すると、馬ヶ岳城（現・福岡県行橋市津積）に入城したが、すぐに嫡男長政に渡し、自らは築城郡法然寺（現・福岡県築上郡築上町東八田）に滞在し、領内を視察した。そして宇佐郡の時枝氏の居城時枝城（現・大分県宇佐市下時枝）にて領内の仕置を次のように沙汰している。

一、主人、親、夫に背く者、罪科に行うべき事
一、殺人、あるいは盗人、強盗をなし、またその企て仕る者あらば、罪科に行

「官兵衛が与えられた豊前６郡」

うべき事
一、隠田《おんでん》、畝《うね》ちがえ等仕る者、同前の事

第一条は主人、親、夫に背く者は罪として罰せよ、第二条は殺人、盗み、強盗をした者、また、それを企てた者はその罪を罰せよ、そして第三条は隠田、畝ちがえ（田畑を隠す、または広さをごまかす）などをしでかした者も同前である——ということが決められたわけである。

第三条に関連して、官兵衛は領内の検地を始めた。検地とは田畑の測量によって石高を改め、台帳に耕作者を登録することで、安定的な年貢を徴収するというものである。この検地は、農地の生産力の向上と合わせて、兵農分離の政策を推し進めるものであった。つまり、それまでの荘園制の中で、荘園や名《みょう》・村といった領域を支配していた在地の領主やその家人《けにん》たちは、有事の時は決起して戦《いくさ》を行う武士であったが、普段は鍬をもって田畑を耕していたのであり、半農半武という生活を行っていた。ところが検地が行われると、家人たちはその土地を耕作する農民の身分となり、彼らを統率していた領主層は土地を離れ、大名の被官となって俸禄をもらう近世的な武士となる。検地と兵農分離は秀吉の天下統一事業の大きな柱であった。官兵衛の検地についてはその検地帳の一部が宇佐郡に残っており、天正十五年の七月から九月にかけて行われたことがわかっている。

宇佐郡の時枝氏や宇佐大宮司宮成氏、上毛郡の広津氏などの土豪は、九州征伐

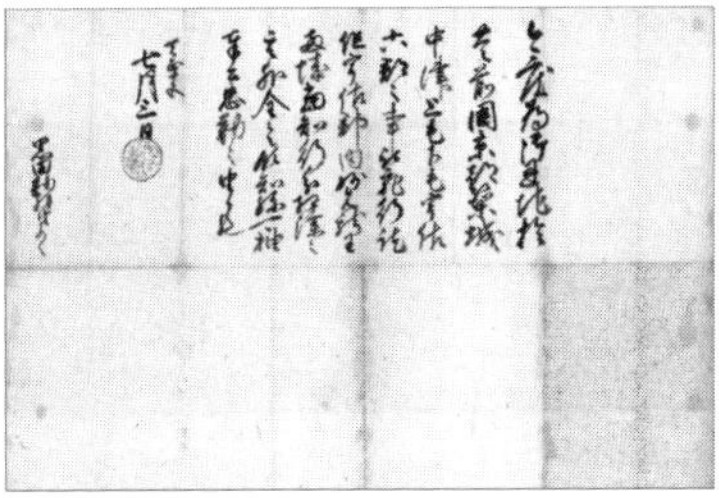

黒田勘解由宛豊臣秀吉知行宛行状
（『黒田家文書』より）

馬ヶ岳城跡

に協力し、官兵衛の入国時にその幕下に入っていた。時枝氏には官兵衛に与力し検地の後、千石を領知せよ、と秀吉から朱印状★が与えられている。検地には在地の土豪らの協力が必須であった。

ちょうど同じ頃、肥後一国を与えられた佐々成政《さっさなりまさ》も、領内に検地を実施したが、それに不満をもった在地の国人らが叛旗をひるがえし、一揆が起こった。肥後国人一揆である。成政は秀吉に援軍を要請し、官兵衛や小早川隆景がその援軍として差し向けられた。官兵衛は、留守を長政に任せて出陣。久留米にて小早川隆景と合流し、一揆の鎮圧に奔走した。この最中、豊前国においても官兵衛の検地に不満を抱いた国人領主らによる一揆が起こったのである。それが豊前の旧領主であった宇都宮一族である。

▼朱印状
花押のかわりに朱の印章を用いた命令文書。押印があることで、権威をもたせた。

豊前の雄・宇都宮氏

ここに宇都宮氏という国人領主の一族がいる。棟梁は宇都宮（城井《きい》）鎮房《しげふさ》。『黒田家譜』には「城井中務少輔鎮房といふ強敵ありて孝高に従わず。……鎮房は武勇人にすぐれ、力量つよくして人数多くしたがへ、城井谷の内、寒田村の奥、鬼が城といふ所にたて籠もる」とあり、屈強な武将であったことが伝えられている。長身で肩も胸も厚く、膂力《りょりょく》にかけても並ぶ者のない武将であった。

『黒田家譜』(全16冊／福岡市博物館蔵)

鎮房は宇都宮嫡流十八代目にあたり、その祖ははるか鎌倉時代までさかのぼる。宇都宮氏の始祖・藤原宗円は藤原北家関白道兼の流れで、下野国一宮二荒山《ふたらさん》神社（別称宇都宮）の社務職を得て宇都宮氏を名乗り、武士として成長した。宗円の孫である宇都宮信房は源頼朝の挙兵に呼応し、平家追討に全国を駆け回った。鎮西では天野遠景と共に鬼界ヶ島の平家残党討伐に功をあげ、豊前国衙の税所職や田所職をはじめ、豊前各所の地頭職を安堵された。信房は兄弟や息子らを鎮西に下向させ、下向した一族は豊前の谷々に拠点を構え、領地を支配していった。例をあげると、犀川《さいがわ》の西郷氏、上毛の山田氏、津民《つたみ》の野仲氏、深水《ふこうず》の深水氏、求菩提《くぼて》の如法寺《ねほうじ》氏、安心院の佐田氏などがいる。本家の流れは初め仲津郡城井浦（現・福岡県京都郡みやこ町）をその拠点としていたが、時代が下るにつれ、築城の谷に移り、そこを城井谷と呼ぶようになったようである。

豊前の地で武士団として成長した宇都宮氏は鎌倉～南北朝期にかけては一時、豊前国守護に任じられるなど、豊前における一定の勢力をもっていたようである。ところが、六代冬綱の頃に急激に勢力が衰え始め、山口の大内氏が南下し、豊前の支配権を奪っていった。宇都宮氏の惣領制は未熟なもので、谷々に根を張った庶流の西郷氏や野仲氏、山田氏などが台頭し、宇都宮宗家は城井谷を領していたので城井氏を称し、大内氏の被官となり国人領主として戦国時代を迎える。

戦国期には城井谷の在地領主として、大内・大友両雄の狭間で生き、また一族

宇都宮鎮房像（天徳寺蔵）

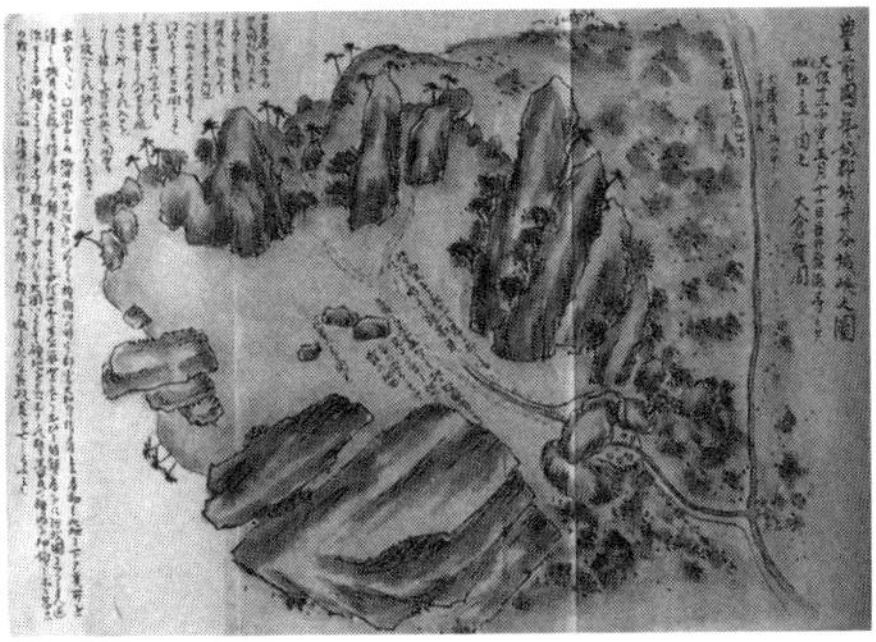
「豊前国築城郡城井谷城峡之図」
（国立公文書館蔵）

間でも争いが絶えなかった。本家としての力は希薄なものであったようである。しかし、惣領にのみ伝えられていた「蓬生《よもぎ》の射法」という弓術は保持しており、十四代城井正房は将軍足利義稙《よしたね》に披露している。

宇都宮鎮房はこの十八代目にあたる。父は長房といい、剃髪して長甫と号していた。鎮房は民部少輔もしくは中務少輔を名乗り、子には嫡男朝房と二人の娘がいた。九州征伐では目立った行動はせず、息子の朝房を名代として秀吉のもとへやり、平定後は上筑後二百町（伊予今治十二万石とも）への国替えを命じられたが固辞し、秀吉から怒りを買った。鎮房は先祖が守ってきた一所懸命の地や民を捨てることができなかったのであろう。まさに中世武士団の棟梁であった。朱印状を返上した鎮房は、毛利勝信の預かりとされ、いったん、田川郡内に移り住んだ。

豊前国人衆の蜂起

天正十五年（一五八七）十月一日、官兵衛の留守を突き、豊前の国人らが一揆を起こし、黒田氏に対して叛旗をひるがえした。その原因になったのは、先述したように官兵衛による検地の実施である。豊前の地に根を張り、秀吉や官兵衛の被官となることを拒否した宇都宮一族を中心とした在地の土豪たちは、この検地により帰農を迫られた。これに抵抗して一揆を起こしたのである。

黒田長政は一揆を鎮めるべく軍勢を率いて馬ヶ岳から上毛郡安雲《あくも》に移った。国人衆はそれぞれの拠点から、長政軍に対抗した。まず蜂起したのは、如法寺孫二郎輝則、緒方惟綱、日隈小次郎直次、城井弥七郎信継、有吉内記らである。長政はまず日隈《ひぐま》城（現・福岡県築上郡上毛町）を攻めたが、これの救援に駆けつけた敵大将である如法寺孫二郎・緒方惟綱が戦いに加わり混戦となった。長政軍は軍を二分し、苦闘の末にこれを討ち取って、日隈城は落城した。十月二日、一揆の混乱に乗じて、宇都宮鎮房★は田川を出て旧領である城井谷を奪還した。如法寺氏らの蜂起は鎮房が帰還するための陽動作戦であったのかもしれない。

九日、勢いづいた長政は二〇〇〇の兵を率いて城井谷に出陣。まず城井谷の入り口に構える広幡城（現・福岡県築上郡築上町広末）を落とし、城代瓜田春永《うりたしゅんえい》を案内に岩丸山《いわまるやま》の尾根を行軍した。岩丸山の先にあるのが城井の本城大平《おおひら》城（現・福岡県築上郡築上町寒田）である。大平城のさらに奥には詰城である城井《きい》ノ上城《こじょう》（同）が控えていた。長政は大平城を目指して進軍したが、山中に配置されていた宇都宮の伏兵の攻撃に遭う。宇都宮の兵は藪陰、谷の陰、木の陰、岩の陰に隠れ、思いもよらぬ道の左右から出てきて黒田勢を討ち取っていった。黒田方の死者は八〇〇人以上に及んだという。長政は城井谷の迷路のような構造と宇都宮のゲリラ戦法の前に敗退。逃げ帰った長政は父に合わせる顔がないと、髻《もとどり》を切って部屋に

▼宇都宮鎮房
城井鎮房とも。

城井ノ上城跡

閉じ籠もったといわれている。それだけ負けを知らなかった若い長政にとっては苦い敗戦であった。戦いの報を聞き、官兵衛は急遽肥後から帰国すると長政に対して、最後の勝利のために何をすべきか、時をよんで軽はずみな戦いを起こさなければ、最後は必ず勝利するのだ、と説いたとされている。勝ちにはやる猪突猛進の長政と、冷静に戦《いくさ》を分析する官兵衛の正反対の性格が見えてくるおもしろいエピソードである。官兵衛は数日後、ふたたび城井谷に出兵させ、谷の口の萱《かや》切山《きりやま》に付城★を築城し城番を置いた。

官兵衛と長政は城井谷を封鎖すると下毛郡の土豪蜂起の報を聞き、広津まで軍勢を進めた。しかし、広津では上毛郡の一揆が長政軍を待ち構えており、観《かん》音原《のんばる》にて平地戦が行われた。★上毛郡一揆の中心は鬼木《おにき》掃部助、山田大膳、八屋刑部、友枝大膳、内尾主水である。平地戦では鉄砲などの近代戦法を主力とした黒田軍の勝利に終わり、一揆軍はそれぞれの居城に籠もったが、黒田勢に掃討される。一揆の中心であった山田大膳もその居城である櫛狩屋城《くしかりやじょう》に籠もった。そこに現れたのが従兄弟である一ツ戸城《ひとと》（現・中津市耶馬溪町宮園）城主中間統胤《なかまむねたね》である。統胤は援軍として城内に入ったが、突如、城門を開き黒田の軍勢を引き入れたのである。それ以前に黒田方に帰順していた中間統胤による寝返りであった。

ちょうど同じ頃の十月二十五日、秀吉の命を受けた吉川広家は一万二〇〇〇の城を破られた山田大膳元房は討ち取られ、上毛郡一揆は鎮められた。

▼萱切山に付城
小川内城、神楽城とも。現・福岡県築上郡築上町本庄。

▼観音原の戦い。

兵を率いて豊前岩石城の攻略に成功している。秀吉の命とは黒田を助け豊前一揆を平定することである。そしてこの大軍は官兵衛・長政軍と合流し宇都宮鎮房を追い詰めていくことになる。

長岩城攻略と城井谷攻め

天正十五年（一五八七）十一月初め、上毛郡を制圧した長政は、下毛郡と城井谷を分断させるべく、山間部の要害であった長岩城（現・中津市耶馬溪町川原口）を攻めた。長岩城は宇都宮一族の雄・野仲鎮兼《しげかね》が拠る堅固な山城である。野仲氏は宇都宮氏の庶流で、宇都宮信房の弟である重房を祖とし、下毛郡野仲郷司職《ごうじしき》を得たことで野仲氏を名乗った。野仲氏は宇佐神宮の荘園を侵略し、一帯の所領を支配、大内氏の豊前支配の際には下毛郡代に任じられて有力国人となっていた。最後の当主鎮兼は大内氏没落後、大友氏と戦ったり、宇都宮宗家の鎮房と争ったり、豊前の中でも大きな勢力の一つであった。長岩城は強固な山城で、これを攻めた黒田勢にも多くの戦死者が出た。長岩城の攻略に一役買ったのが、百留《ひゃくどみ》河内守という土豪である。百留は山国谷《やまくにだに》の入り口に位置する土田城を拠点としていた野仲氏の一統であったが、黒田官兵衛の調略によって黒田方に寝返っていた。官兵衛は家臣の栗山備後守利安に長岩城の攻略を命じた。栗山は百留の案内で城

城井八幡社の石垣
（百留河内守の銘／中津市耶馬溪町）

の攻略を進め、激しい攻防の末、ついに長岩城は落城し、鎮兼は切腹、三百余の首級《しゆきゆう》が晒されたという。豊前平定後、栗山利安は野仲の旧領を賜り、この地を統治した。

この時、野仲の家人に南弥介という武将がいて、黒田の将・後藤又兵衛と一騎打ちをし、互角の戦いを繰り広げ、決着がつかなかったという。弥介は野仲家滅亡後、栗山の家人となったと伝えられている。

十一月十六日、毛利方吉川広家率いる一万の増援を受けて、官兵衛と長政はふたたび城井谷を攻めた。両軍合わせて一万二〇〇〇の大軍である。黒田・吉川は付城が置かれていた萱切山《かやきりやま》に陣を張り、岩丸山まで出陣した鎮房と対峙した。宇都宮のゲリラ攻撃はやはり手ごわいものであったが、官兵衛はじりじりと慎重に兵を進め、これに対抗した。大軍をもって城井谷攻略にあたった黒田勢の前に宇都宮のゲリラ軍も次第に押され、残すは城井ノ上城まで兵を引いた鎮房が拠る本陣のみとなった。二十四日、官兵衛と広家は合議し、鎮房に対して和睦の使者を送った。

この時の逸話であるが、一気に勝負をつけようと鎮房本陣を切り崩すべきと主張した吉川広家に対し、官兵衛は待ったをかけたという。後日、広家が官兵衛になぜ兵を引いたのかを尋ねると、官兵衛は、先日長政が大敗した鎮房に、広家が大勝利を得るのは困る、と笑って答えたという。

最後に残されたのは下毛郡一揆の制圧である。長政はまず、池永城（現・中津市上池永）を攻めた。城主池永左馬頭重則を中心とした一族郎党である松本次郎、今永内記、宇佐公達孫女《きんだちのまごむすめ》、中野蔵人、東治郎、徳永掃部、一松斎宮《ひとつまついつき》、そして薦神社の神官らが防戦したがかなわず、落城した。続いて、犬丸城（現・中津市犬丸）に犬丸越中守を攻め、落城させた。この犬丸城落城は十二月十二日に秀吉に注進され、感状を得ている。秀吉は官兵衛にも書状を送り、長政の犬丸城攻略を賞しているが、ここで、残るは二カ所の城と言っているように、大畑城（現・中津市加来）、田丸城（現・中津市福島）の攻略のみとなっていた。この二城の攻略には吉川の軍勢も加勢している。

黒田・吉川両軍は田丸城を囲み、籠城していた福島佐渡守祐了《ゆうりょう》は降伏。福島祐了は本願寺に属した僧であり、田丸城は長久寺という寺院を城郭

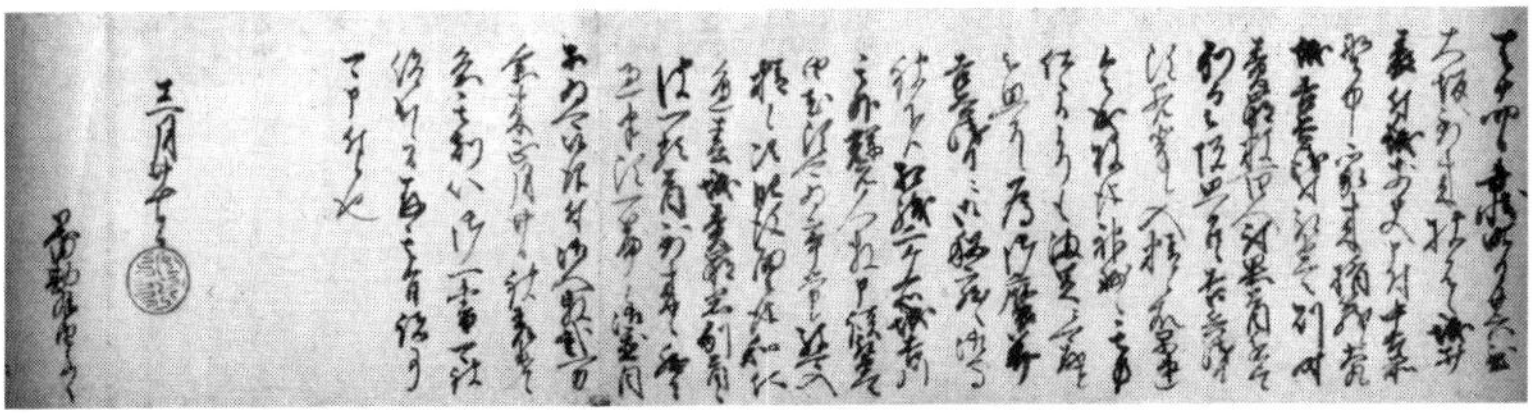
黒田勘解由宛豊臣秀吉朱印状（『黒田家文書』より）

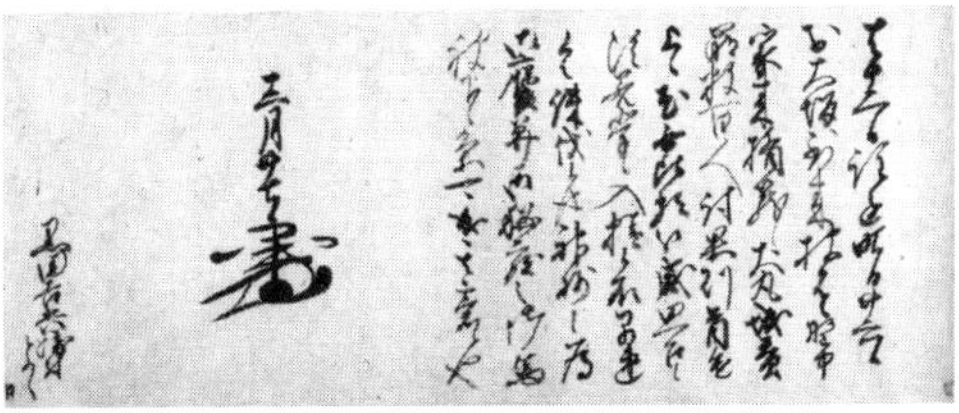
黒田吉兵衛尉宛豊臣秀吉書状（『黒田家文書』より）

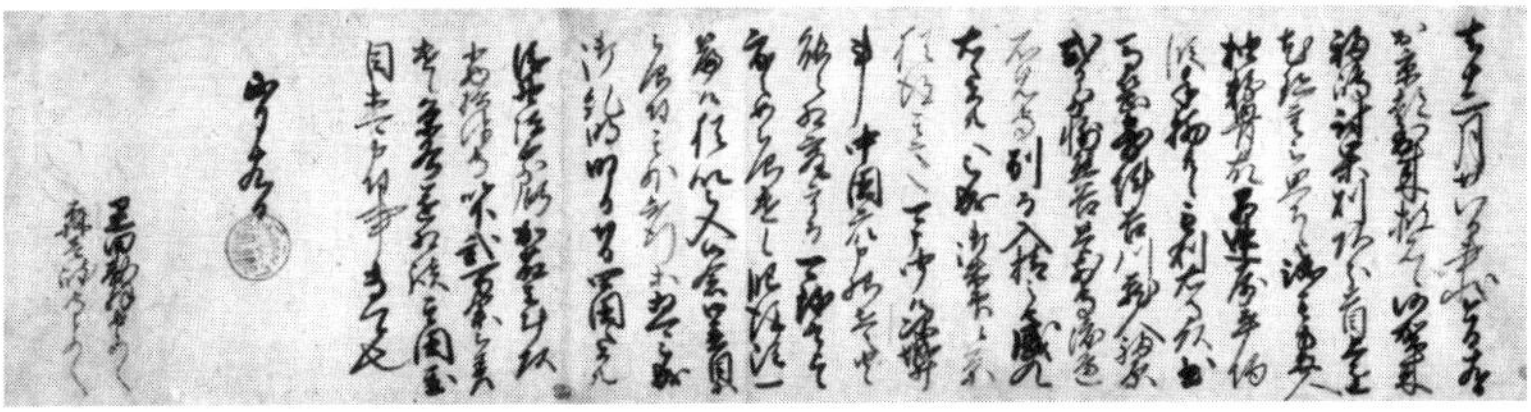
黒田勘解由・森隠岐守宛豊臣秀吉朱印状（『黒田家文書』より）

化したものであった。長久寺は降伏後も浄土真宗寺院として続いた。黒田軍は勢いそのままに大畑城を攻め落とし、城主加来《かく》安芸守統直《むねなお》は豊後へ逃れようとしたが、秣《まくさ》の幕の峰という山中で、秣大炊介の伏兵の手にかかり殺された。長政は福島・加来の討伐を十二月二十八日に秀吉に注進していることから、天正十五年内に豊前一揆は制圧されたことがわかる。ただし一揆の制圧は、官兵衛・長政父子だけで抑えられたわけではなく、吉川広家・福原広俊など毛利軍との編成部隊によってなされたものであった。

③

黒田氏時代の中津

中津の地に入った官兵衛は居城の築城を始めた。
最後まで抵抗した宇都宮鎮房は新築の中津城内で長政に謀殺される。
領内を平定した黒田氏は十三年間、豊前中津を統治した。

宇都宮鎮房の命を賭した抵抗

一揆が終息した後、天正十六年（一五八八）正月から中津城の築城が開始された。中津の地には小領主が多く拠点を設けていて、そのうち、中津川河口の中津江太郎や五名主《ごみょうしゅ》といった中世の在地領主の砦であった丸山城という城館を改修したという。中津城は秀吉のもとで大坂城や長浜城の縄張を行った官兵衛が、そのもてる技術を反映させた九州最古の近世城郭である。本丸・二の丸・三の丸を設け、城下には商人を集めて城下町をつくった。今でも町名が残る「京町」「博多町」「姫路町」などは、京や博多、そして旧領の姫路から商人を移してつくった町であるという。

さて、追い詰められた宇都宮鎮房は、天正十六年正月、小早川隆景や安国寺恵《え》

中津城

璟《けい》らに頼み、降伏を申し入れた。官兵衛に子の、朝房と千代姫（鶴姫とも）を人質として差し出すことを条件にそれを認められている。『城井軍記実録』や『陰徳太平記』には、この時、千代姫は長政の嫁（もしくは妾）として迎え入れられたとも書かれている。二月、官兵衛は秀吉の命を受け、朝房を連れて肥後一揆の仕置に出発した。

官兵衛の留守中、四月二十日、中津城内にて長政と鎮房が対面。長政が鎮房に酒食を供してもてなしたが、その最中、長政が鎮房を切り伏せた。謀殺されたのである。『黒田家譜』では官兵衛の留守を狙い、突然鎮房が二〇〇の兵を率いて長政を訪れたとしており、鎮房の黒田への謀叛として描かれている。しかし、『城井闘争記』や『城井軍記実録』などの宇都宮方の記録では、官兵衛による鎮房誅殺の命を受けた長政が、鎮房を中津城に誘い込んで実行したとしている。

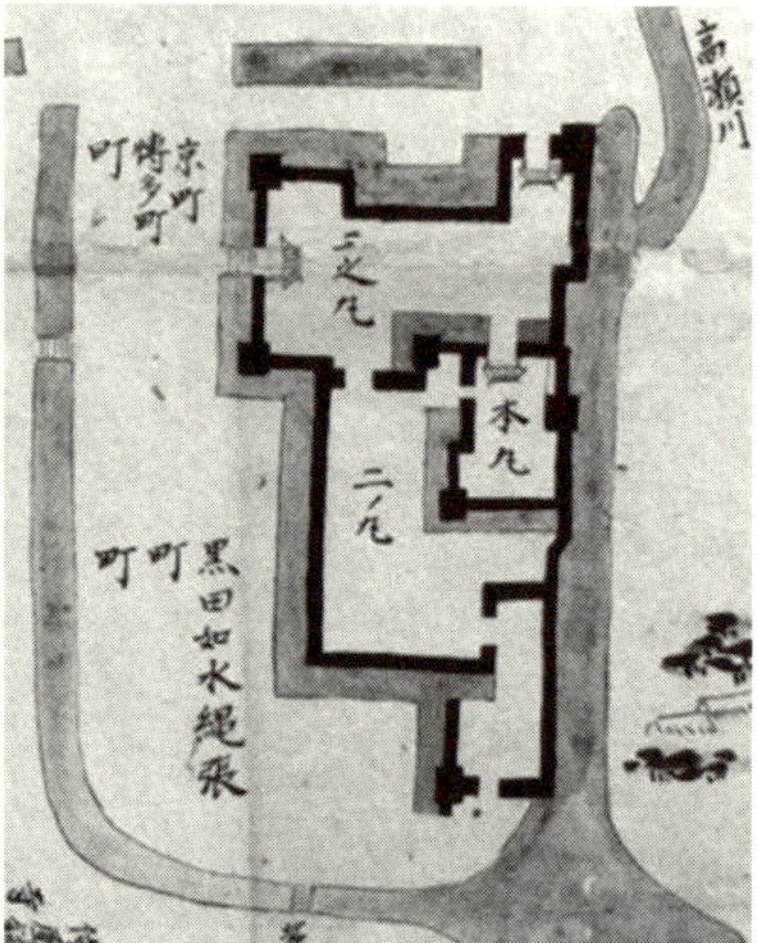

黒田官兵衛による中津城の縄張図（部分）
（中津市歴史民俗資料館蔵）

鎮房はあくまでも旧領安堵を秀吉や官兵衛に主張していたものと思われる。それが宇都宮鎮房という中世武士の生き方であったからだ。先祖伝来の所領や領民を守ることが、中世の領主の使命であり誇りであった。しかしこの考え方は新しい武士社会をつくろうとする秀吉の政策にはそぐわない、結果的に古い考え方であったといわねばならない。旧領安堵が叶わないのなら、と中世武士として最後まで命を賭して抵抗しようとした鎮房の思いが表れている。誘い込まれたにしろ、攻め込んだにしろ、単身、中津城に乗り込んだ鎮房の覚悟はゆるぎないものであったに違いない。

『黒田家譜』は謀殺の様子を生々しく伝えている。鎮房は登城して長政の前に座った。鎮房は大力の剛の者で六尺余りの大男である。打刀《うちがたな》を腰につけ、二尺八寸もある重代の刀を後ろに立てかけ、面には野心が満ちあふれていた。長政は又介（吉田又介）に酒を出させ、まず自分が飲み、盃を鎮房へ差し出す。鎮房は脇差からは手を離さず盃を取る。又介はあふれるほど酒を注ぎ、長政と鎮房の間に入った。長政が、事前に申し合わせていた通り、太郎兵衛（野村太郎兵衛）に「肴を」と言いつけると、太郎兵衛は「はっ」と答えて肴を持ち出した。太郎兵衛は鎮房のもとへ行き、肴が載った三方を投げつけ、一太刀を浴びせた。鎮房は左の目の下から頬まで切りつけられたが、盃を捨てて脇差を抜き、立ち上がろうとした。しかし、そこで長政が刀を抜き、鎮房の左の肩から両胸の間を割り、背の大骨から右の横腹まで切りつけた。猛将鎮房もたちまちうつ伏せて絶命した。

城下の合元寺《ごうがんじ》にいた鎮房の近従の者はことごとく長政の兵に切り伏せられた。合元寺の壁は血で染まり、何度白く塗り替えても染み出てくることから、ついに赤く塗り替えられたと伝えられている。合元寺は別名を赤壁寺《あかかべでら》という。

数日後、長政は城井谷に兵を向け、鎮房の父長甫をはじめとした一族を討ち取った。妻とした鎮房の娘千代姫は一族の女人一三人と共に広津川原にて磔となっ

天徳寺の宇都宮家墓所
（福岡県築上郡築上町本庄）

合元寺

たという。嫡子朝房も、肥後玉名にて殺され、ここに四百年もの間、豊前の地を守り支配してきた中世武士団宇都宮家は滅亡した。

黒田官兵衛の豊前支配

官兵衛は豊前入国直後に領内の検地を開始している。今に残る検地帳から、天正十五年（一五八七）八月に宇佐郡高家《たけい》村、九月には元重《もとしげ》村にて検地が施行されたことがわかる。この時の検地の方法は村ごとに田の物成《ものなり》★を報告する差し出し検地であったとされる。一部の検地帳しか残っていないため、その内容を検討することは難しいが、細川期に旧黒田領としてあげられた石高は十二万石であったとしている。

豊前領内には要所に家臣を配置した。著名な人物には、早くから宇佐郡高森城に置かれた弟黒田利高や耶馬溪平田を領した栗山利安などがいる。栗山利安は先の長岩城攻めの際に手柄をあげ、野仲氏の旧領六千石を与えられ、平田城（現・中津市耶馬溪町平田）をその館としたという。のちに起こったお家騒動「黒田騒動」の立役者栗山大膳利章はこの地で生まれ、幼年期を過ごしている。下毛郡西の守りであった一ツ戸城には、黒田方に味方した中間統胤が旧領安堵された。中間氏は黒田の姓を許され、黒田家の重臣に列した。福岡への転封《てんぽう》にあたっては、

宇都宮鎮房の墓

▼物成
年貢米の収穫高。

一ツ戸城跡

小石原《こいしわら》（現・福岡県朝倉郡東峰村小石原）の支城の守りを仰せつかり、領内の守護に努めた。

その他、黒田二十四騎を中心に知行として領地を配分している。弟黒田兵庫助利高の一万石を筆頭に、同じく弟修理助に二千石、久野四兵衛《ひさのしへえ》に五千石、井上九郎右衛門に六千石、野村太郎兵衛に二千九百六十石、小河《おごう》伝右衛門に五千石、桐山孫兵衛に九百六十五石など、その拝領高が伝わっている。黒田利高や栗山利安のように城持ちの家臣も多くあったと思われ、例えば桐山孫兵衛は『桐山家譜』に「豊前国上毛郡内九ヶ村、都合九百六十五石渡し置き候」とあるなど、知行地支配が行われたが、その他の知行割りについてははっきりわかっていない。

豊前入部の時に黒田家に従った在地の土豪らも家臣団として組み込まれた。先ほどの中間統胤はその代表例であるが、ほかにも一千石で抱えられた時枝氏、三百石を宛行《あてが》われた宝珠山《ほうしゅやま》氏など、もともと大友氏などの支配下にあった土豪らを家臣団に編制し、在地の奉行として村々を支配させたようである。

官兵衛の隠居と小田原攻め

豊前入国の二年後、天正十七年（一五八九）、官兵衛はまだ四十四歳の働き盛りであったが、突然家督を嫡子長政に譲り、隠居の身となった。よくいわれるのは、

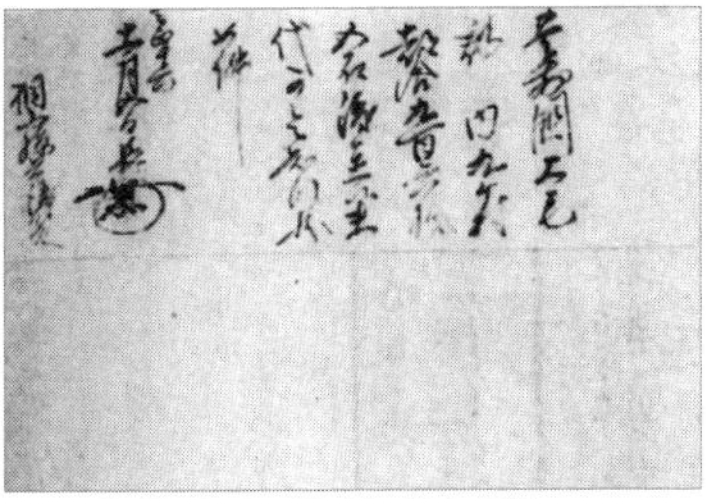

桐山孫兵衛宛黒田長政知行宛行状
（北九州市立歴史博物館蔵）

秀吉が自分の死後に天下を取る者は官兵衛だと周囲に話していたのを聞いた官兵衛が、秀吉から疎まれるのを恐れて身を引いたというようなエピソードであるが、官兵衛は隠居後もますます秀吉のそばにあって、戦《いくさ》の参謀や調略、城の普請など、天下の事業に携わっていることからみると妥当であるとは思えない。おそらく豊前十二万石の黒田家という枠組みから外れることにより、より自由な立場で秀吉を助けることができると考えたからではなかろうか。事実、秀吉が天正十五年に京都に築いた政庁聚楽第《じゅらくだい》の付近に官兵衛も屋敷を与えられ、天下の政《まつりごと》に加わり、隠居した年である天正十七年に、天下統一の最後の仕上げともいえる小田原攻めに参陣している。小田原攻めでは北条氏政との調停役という重要な役目を命じられた。

天正十七年十一月、秀吉は関東・奥両国★惣無事令に違反したとして、関東一帯で紛争を続ける北条氏政・氏直父子に宣戦布告の朱印状を突きつけた。諸大名にも参集命令が下り、かくして秀吉軍総勢二一万対北条方五万六〇〇〇の戦いが始まった。北条氏の居城小田原城は城下町までも惣構えと呼ばれる土塁と堀で囲んだ巨大な城であり、氏政・氏直は籠城の構えをみせていた。これに対して秀吉は、小田原城の南西三キロメートルの場所にある笠懸山に陣を置き、周囲の支城を落として小田原城を孤立させた。この笠懸山の陣は石垣山城と呼ばれ、陣所ではあったが、総石垣造りの本格的な城郭であった。石垣山城築城の時、山の樹木を茂

▼奥両国
陸奥国と出羽国。

「聚楽第図屏風」（部分／三井記念美術館蔵）

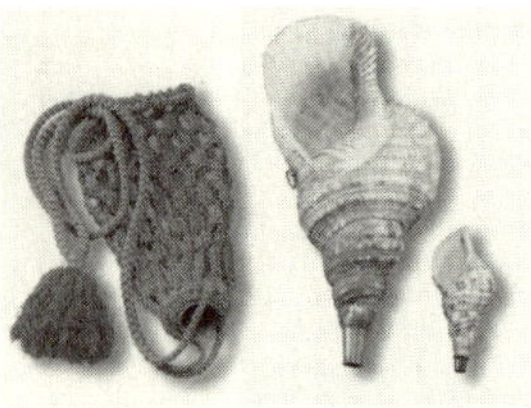
北条白貝
小田原攻めで、降伏を仲介した礼として北条氏直から黒田官兵衛に贈られた法螺貝
（福岡市美術館蔵）

らせて隠したまま工事を行い、完成すると一気に木を伐採したことで、小田原からは突然城が現れたように見え、城内の兵は戦意を喪失したといい、石垣山一夜城とも呼ばれている。

長期の兵糧攻めによって小田原の城兵は疲弊し、残された道は徹底抗戦による玉砕か開城し降伏するかという二択に迫られていた。ここで、開城させるための説得に動いたのが官兵衛である。官兵衛は氏政と氏直に酒二樽と鲂《ほうぼう》の粕漬け一〇尾を贈り、刀を持たずに小田原城に入った。官兵衛は北条父子と対面し、開城すれば城兵の命は助けると約束したことで、北条はその言葉に従い、降伏を申し出たのである。官兵衛には北条方から返礼として日光一文字の太刀や、北条白貝と呼ばれ、のちに日本三名貝の一つに数えられる法螺貝、『吾妻鏡』の写本が贈られた。ちなみに、官兵衛は鲂の粕漬けを贈ったとされるが、豊前中津では地元の特産である鱧《はも》を贈ったという俗説も生まれていておもしろい。

文禄・慶長の役

秀吉は、九州平定において、その延長である唐国、つまり明への侵攻をも思い描いていた。天正十八年（一五九〇）七月に関東の北条氏政・氏直を小田原城に攻め、これを降伏させ、名実ともに天下人となった秀吉は、翌天正十九年から肥

名護屋城跡

前名護屋城の普請を諸大名に命じている。朝鮮出兵の拠点にするためである。そのきっかけは、天正十八年に対馬の宗氏の要請で、秀吉の天下統一を賀するため朝鮮通信使が上洛したことにある。秀吉は通信使に対し、秀吉への朝鮮の服属と明への遠征の先導を命じたが、受け入れられるわけはなく、朝鮮側は拒否。こうして朝鮮への出兵が決定し、天正十九年十月、名護屋城の築城が始まった。『黒田家譜』には「其の縄張りを孝高に命ぜられ、孝高地わりを定めらる。惣奉行は長政に仰せ付けられ、十月より斧初めあり」と記述され、黒田父子が築城に携わったことを伝えている。

翌二十年（文禄元年／一五九二）四月、秀吉は全国の諸大名を名護屋に集め、朝鮮への出兵を開始した。第一次出兵を文禄の役という。渡海した軍勢は一五万八八〇〇人に上り、黒田長政は五〇〇〇の兵を率いて第三軍に編制された。官兵衛も軍監として朝鮮に渡ったが途中体調を崩し、秀吉に帰国の許可を求めている。秀吉はそれに対して帰国して豊前にて養生せよと書状を出している。文禄二年二月、官兵衛はふたたび軍の調整のため朝鮮に渡り、浅野長政らと合流した。官兵衛には補給路の模索や倭城の縄張などの任務があったが、この時、石田三成・増《まし》田《た》長盛らとの確執により、無断で帰国してしまう。官兵衛の軍法違反に秀吉は怒り、謹慎を命じたという。官兵衛が剃髪したのはこのことがきっかけであるといわれ、以後、「如水円清」と号している。

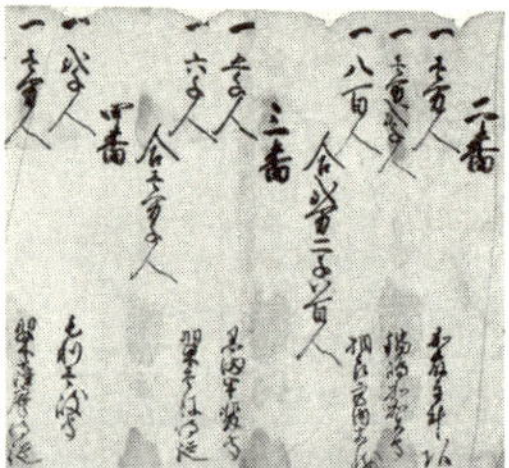

豊臣秀吉条書（部分）
文禄の役出陣に際して秀吉が定めた陣立てなどの指示書。中央の三番に黒田甲斐守（長政）の名が見える

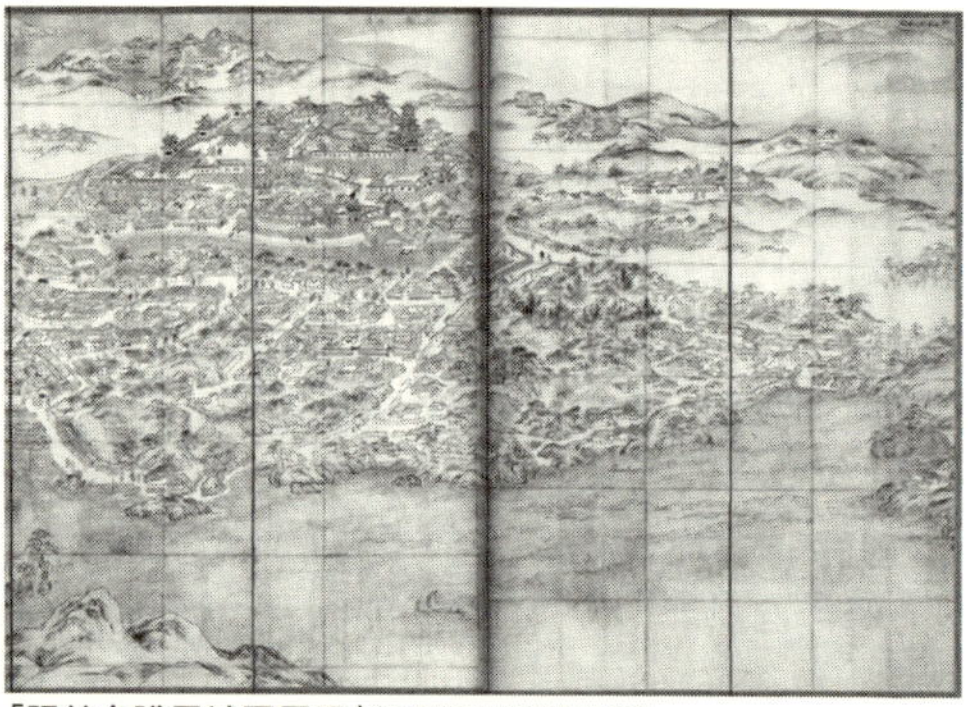

「肥前名護屋城図屛風」（名護屋城博物館蔵）

二度目の朝鮮への出兵、すなわち慶長の役は、慶長二年（一五九七）より開始された。文禄の役の最中に講和交渉がなされ休戦していた両軍は、朝鮮に対する秀吉の無謀な要求で交渉が破談したことにより、ふたたび開戦となったのである。官兵衛は総大将小早川秀秋、副将毛利秀元の後見として軍監を命じられ、三月に渡海した。この戦いの主な目的は全羅道《ぜんらどう》・忠清道《ちゅうせいどう》の制圧と仕置、つまり支配であったから、諸大名は侵攻と同時に支配の拠点となる倭城の築城を進めた。右軍に属した黒田長政は毛利秀元の先鋒として慶尚道《けいしょうどう》から全羅道に入り北上、公州を占領した。九月、忠清道と京畿道《けいきどう》の境である稷山《しょくさん》を目指して進軍し、明軍の将解生と戦闘になった。両者ほぼ互角の戦いであったが、後から救援に到着した秀元の軍勢が明軍の側面に突撃し、明軍は崩れて撤退した。稷山を越えて京畿道の安城《あんさん》まで到達した日本軍は目的を達したとして反転し、軍事拠点としての倭城の普請を始める。長政も梁山《やんさん》に城を築き、官兵衛と共に冬営の準備をしていた。

十二月二十二日、加藤清正・浅野幸長らが築城を進め完成間近であった蔚山《うるさん》城に明・朝鮮の軍勢五万七〇〇〇が押し寄せ、城を包囲した。明・朝鮮軍の猛攻と厳寒期の寒さ、食糧の窮乏により落城寸前となったところに、黒田長政をはじめとした援軍が到着し、蔚山城の東の山に陣を張り、明・朝鮮軍を挟撃した。援軍到来の報を聞き、城方は生気を取り戻し、攻城戦を仕掛けていた明・朝鮮軍を迎撃、多くの死傷者を出した明・朝鮮軍は、囲みを解いて撤退した。

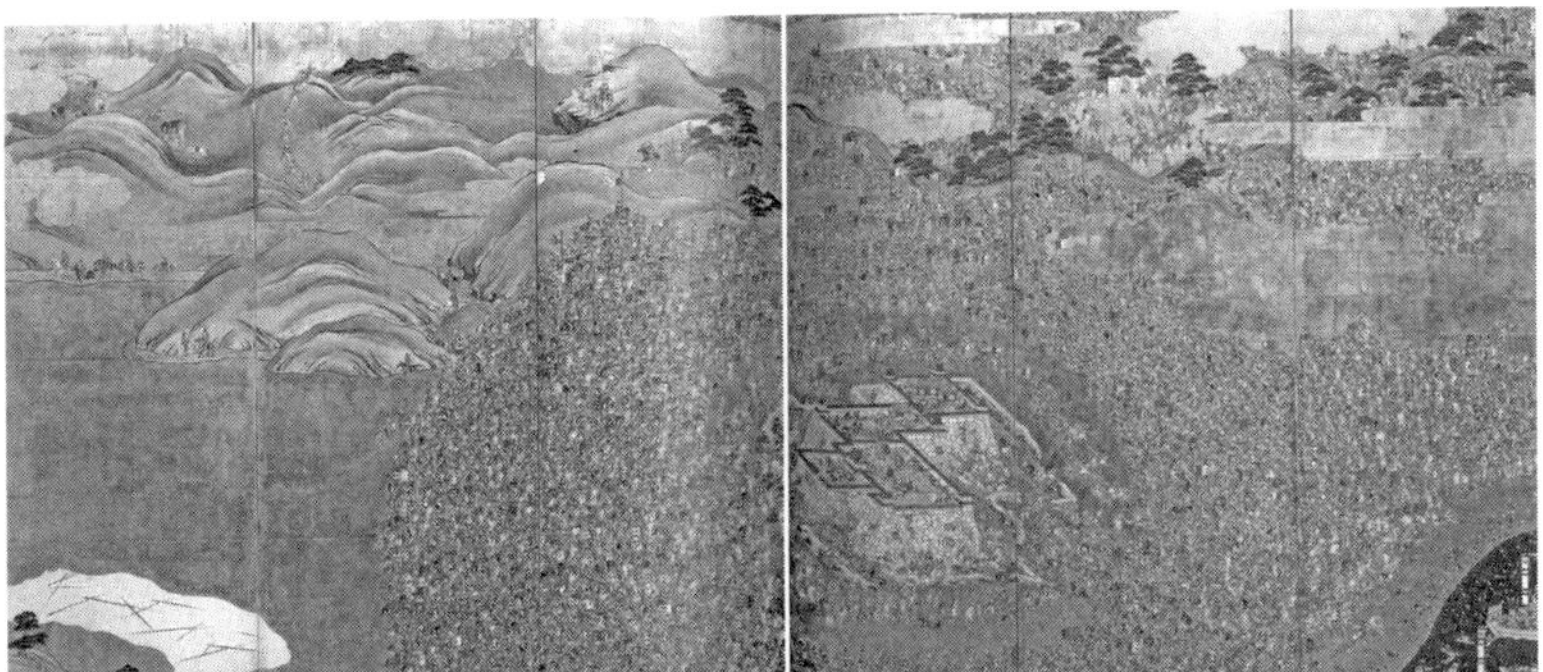

大久保雪堂筆「朝鮮軍陣図屏風」（鍋島報效会蔵）

梁山城では官兵衛が留守を守っていたが、明軍八〇〇〇〇の兵が突如押し掛けた。黒田の主力は長政が率いて蔚山に進軍していたので、官兵衛のもとには一五〇〇の手勢しか残されていなかったが、見事な采配により明軍を退けたという。

慶長三年八月十八日、豊臣秀吉が逝去した。朝鮮に渡っていた大名たちには秀吉の死は伏せられ、五大老・五奉行により停戦・帰国の命令が下った。これにより慶長の役は終結する。この慶長の役の最中に黒田家では悲しい出来事が起こっていた。官兵衛には長政のほかに熊之助という二男がいた。熊之助は十八歳であり、初陣の年を迎えていたが、この朝鮮攻めでは官兵衛から中津城の留守を命じられていた。ところが、父・兄に加勢したいという思いが大きくなり、家臣の子らと共に船に乗り中津を出港し、悲運なことに玄界灘で船が強風に煽られ沈没、溺死したという。帰国してその事実を知った官兵衛と長政の悲痛は多大なものであった。

文禄の役・日本軍侵攻図

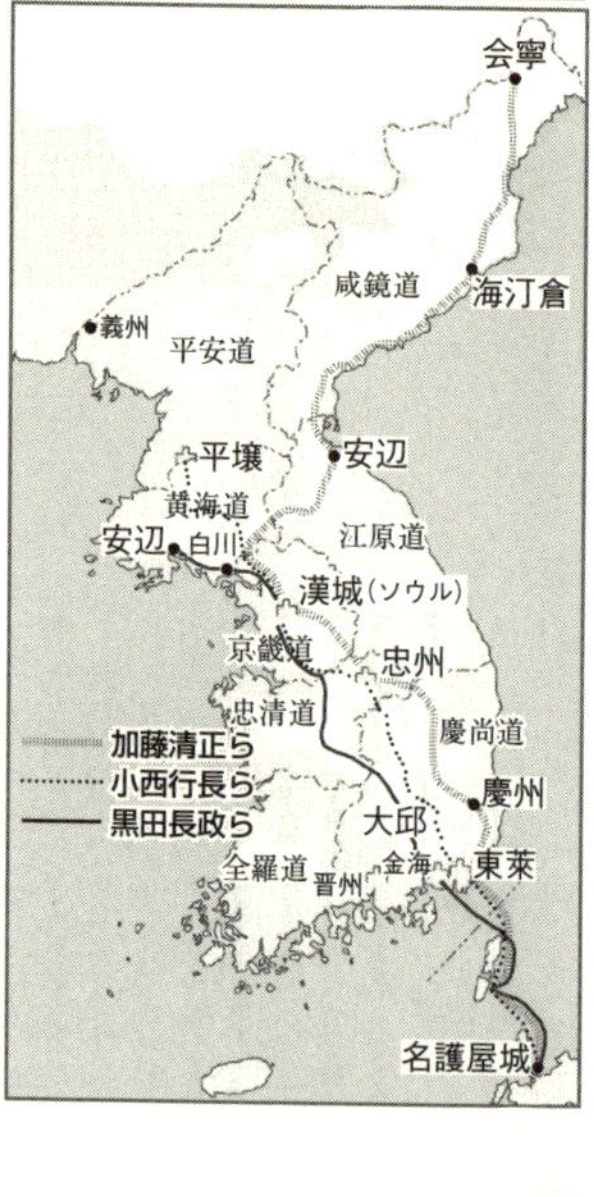

「西の関ヶ原」石垣原の戦い

秀吉の没後、徳川家康と石田三成の対立は深まり、一触即発の状態となっていた。天下の大名たちはそれぞれの立場を表明し、まさに天下を二分した争いとなりつつあった。

黒田長政は、武断派大名として福島正則や加藤清正らと豊臣政権下におり、官兵衛と同じく秀吉の恩恵を厚く受けていたが、文治派の三成とは対立関係にあったことから、次第に家康と関係を深めていった。長政は保科正直の娘で、家康の養女となっていた栄姫を継室に迎えている。このような関係にあったことから、黒田家は徳川方についたのである。

慶長五年（一六〇〇）九月、家康の上杉征伐に際して長政が出陣、そのまま東軍の将として関ヶ原の戦いに突入した。長政の軍は凄まじい交戦を繰り広げ、東軍勝利の一役を担ったという。

天下を二分する戦いが起こるにおいが、ふつふつと沸き上がっている頃、そのにおいをいち早く察知した黒田官兵衛は九州切り取りの行動を起こした。自らが九州を押さえ、徳川方を優位に運ぶためである。官兵衛は瀬戸内海の津《つ》々《つ》浦々に早船を置き、情報を集めていた。慶長四年八月に豊後国大分郡・速見郡を領していた府内城主福原直高が改易となり、翌年二月、豊後木付領は丹後宮津領主であった細川忠興《ただおき》に与えられた。忠興は代官として松井康之と有吉立行を派遣して領内の統治にあたらせていた。四月に入り、忠興自身が領内の視察をするため、豊後に入国した。この時、中津にいた官兵衛と会談し、天下の情勢、特に三成と家康の動向について話し合ったという。

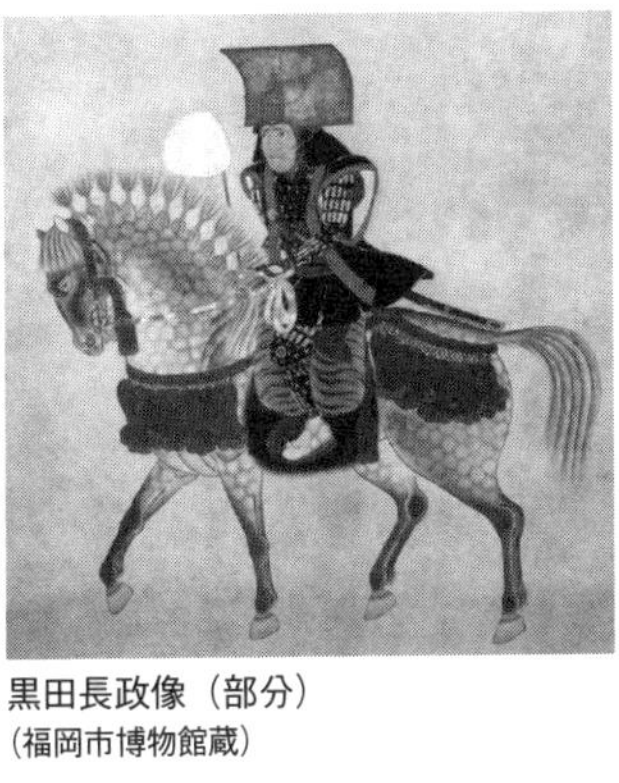

黒田長政像（部分）
（福岡市博物館蔵）

八月、三成の軍事行動に呼応して、秀吉によって改易されていた豊後の旧主大友義統《よしむね》は旧地回復のため、西軍につき、豊後に下った。官兵衛は義統のもとへ使者を遣わし、家康方につくよう諭したが受け入れられず、義統は旧臣が待つ豊後浜脇浦へ向かった。豊後国内において三成方についたのは大友のほかに、安岐城の熊谷直陳《なおのぶ》、富来《とみく》城の垣見家純であった。義統はこの二氏と連携して木付城の松井康之・有吉立行を攻撃した。

大友の行動を受けて、中津の官兵衛はその討伐のため、また、木付城の救援のため、軍勢を集めて豊後へ向かった。黒田の主力軍は長政が上杉征伐に引き連れていたため、蓄えていた金銀をもって近隣の牢人や民を集め、九〇〇〇人の軍を急遽編制したという。途中、下毛の原野で軍勢の確認と軍議を行った。江戸時代からそこが如水原《じょすいばる》と呼ばれ始めたようである。

官兵衛は高田の竹中重利を説得し、味方につけると、国東《くにさき》の赤根峠にて軍を二手に分け、自らは富来城攻略を指揮し、そしてもう一軍には先遣隊として木付城救援を命じて向かわせた。九月十二日、先遣隊は木付城に到着するが、すでに大友の攻撃はやみ、石垣原を越えて立石本陣へ戻っていた。官兵衛は石垣原へ向かうのは本隊と合流してからと命じていたが、血気にはやる母里や井上といった黒田家古参の武将で編制された先遣隊は、十三日、松井の軍勢と共に石垣原へ向かったのである。黒田軍が陣を敷いたのは、大友の立石本陣と石垣原を挟んで対峙

如水原（中津市上如水付近）

した実相寺山であった。

官兵衛は先遣隊の石垣原出陣の報を受けて、攻略にあたっていた富来城と安岐城を後に回し、本隊を引き連れて石垣原へ向かった。先遣隊が布陣したのと同日の、十三日には日出《ひじ》の頭成《かしらなり》という場所まで到着していたという。

しかし、官兵衛の着陣前に戦いの火蓋は切って落とされた。大友の先陣吉弘統《むね》幸《ゆき》は実相寺山近くまで攻め寄るも、黒田方の攻撃に遭い、立石本陣あたりまで敗走した。しかし、それは黒田軍を引き寄せるおとりであり、伏せていた宗像掃部の攻撃によって、黒田の将・久野次左衛門と曾我部五右衛門は討ち死にした。敗走する黒田軍を今度は大友軍が追撃したが、実相寺山麓にて激闘の末、吉弘・宗像両将が討ち取られ、大友の負けは決定的となった。

十四日、ようやく黒田本隊が実相寺山に着陣し、官兵衛自ら首実検をし、軍議を行った。大友義統は剃髪し、官兵衛の前に降伏、西の関ヶ原と呼ばれた石垣原の戦いは終わった。

官兵衛はその勢いのまま、安岐城・富来城を落とし北上。西軍についた豊前小倉領主毛利勝信の支城香春岳城や、本城小倉城を攻略した。ここで、関ヶ原における徳川家康の勝利が報告され、家康により九州での停戦命令が下るのである。

一説に、官兵衛は南の島津を攻め、九州を手中にし、家康と天下を争おうとしたともいわれている。後世の文献には関ヶ原での長政の勲功を耳にした官兵衛が

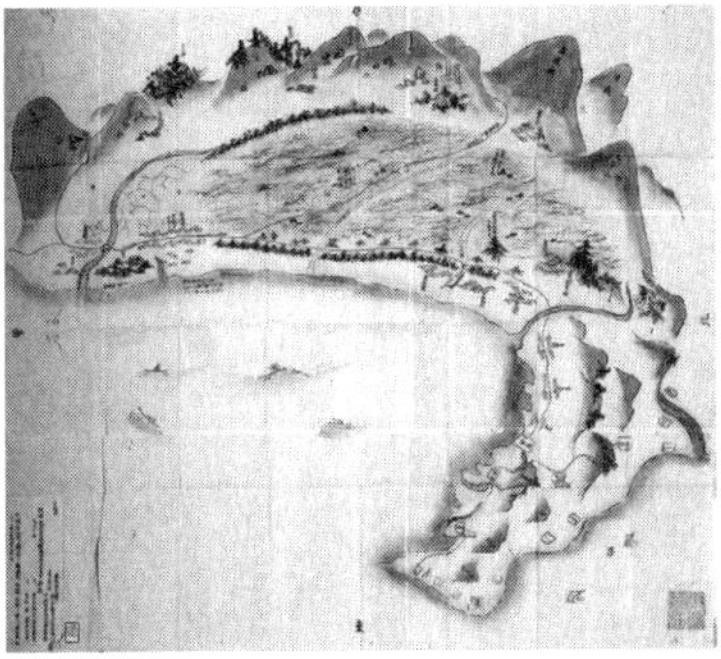

「石垣原絵図」
（九州大学附属図書館付設記録資料館蔵）

激怒し、長政が力を出さなければもう少し戦いが長引いたものをと口惜しんだという記述もある。長政が家康に右手を握られ直々に感謝の言葉をかけられたと嬉しそうに官兵衛に話すと、官兵衛は「その時、貴様の左手は何をしておったのか」と叱咤したという有名な逸話はこのような伝承から生まれたものであろう。実際に官兵衛が天下を狙っていたかはわからない。

関ヶ原と石垣原の戦功により、黒田家は筑前五十二万石の太守として移封となり、筑前名島《なじま》城に入り、のちに福岡城を築いてその居城とした。官兵衛は福岡藩の藩祖として名を残している。

④

豊前での細川忠興・忠利の治世

関ヶ原の戦いの後、豊前国には細川氏が入部した。細川忠興・忠利二代にわたる治政は手永制による村支配やキリシタン政策など、藩体制を確立させ、その後の政治の基礎となった。

細川忠興・忠利親子

慶長五年（一六〇〇）、関ヶ原の戦いを制した徳川家康は、敗将石田三成を斬首したのち、その戦後処理として西軍約一〇〇人の改易・減封《げんぽう》、東軍大名の加増・転封を強行した。これにより覇権を確立した家康は、自らの権威を形成するため、一方で親藩・譜代という徳川一門と、幕府の直轄領である天領を創出した。黒田長政は関ヶ原の戦功により中津から筑前五十二万石を与えられて名島城に入り、のちに福岡城を築いて移った。豊前規矩《きく》・田川二郡を領していた毛利勝信は西軍に属していたため、改易となって土佐に流された。毛利・黒田の後に豊前を拝領したのが細川忠興である。細川家はすでに豊後国速見郡六万石を領し、木付に城代松井康之を置いていたので、これに国東郡と豊前一国を合わせた表高三十万石を与えられ、丹後宮津から中津に入部した。この時の知行状は現存していないが、家康没後、二代将軍秀忠によって旧領を安堵した朱印状の写しが残っている。

豊前国一円幷豊後国之内国東郡・同国速見郡之内所々都合参拾万石目録在別紙事宛行之訖、可有全領知之状如件

元和三年五月廿六日　御判

豊前宰相殿

これによっても忠興が拝領した石高は三十万石であったことがわかる。

細川氏は清和源氏の一流で、足利氏の支族であった義季が、三河国細川の地に土着したことに始まるという。足利尊氏が討幕のために挙兵すると、細川氏もそれに従って活躍し、四国を中心に八カ国の守護を占め、室町幕府の管領《かんれい》となり、その地位は不動のものとなった。細川忠興はその傍流和泉上守護細川家の流れを汲む。この家は、南北朝期の内乱で管領職を勝ち取った細川頼之の弟頼有が、和泉国の半国守護に任じられたことを始まりとしている。忠興の父藤孝（幽斎）は、幕臣として十三代将軍義輝に仕えていた。永禄八年（一五六五）に三好三人衆と松永久秀によって義輝が暗殺されると、幽閉されていた義輝の弟である義昭を救出し、六角氏や朝倉氏を頼って義昭の将軍任官を目指した。しかしうまくいかず、朝倉氏の配下であった明智光秀を通じて織田信長を頼った。信長は義昭を奉じて上洛、三好勢力を駆逐し、義昭を十五代将軍に据えた。義昭と信長の対立が激し

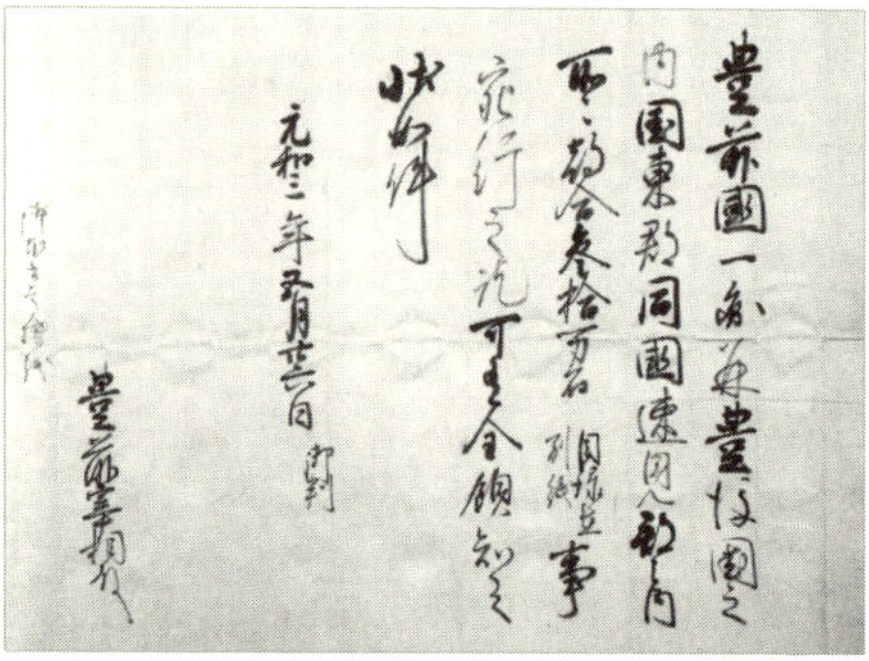

忠興宛の徳川秀忠判物（写し）

細川頼有（永青文庫蔵）

くなると、藤孝は信長につき、長岡の地を与えられ領有した。次いで丹後を平定し半国の領有を認められ、宮津を居城とした。

忠興は幼名を与一郎といい、永禄六年十一月十三日に藤孝の嫡男として生を受けた。一族の細川輝経の養子となるも、父のもとで成長した。父藤孝や明智光秀が織田信長に従うと、忠興は信長の嫡男信忠に仕えて偏諱《へんき》を賜った。忠興は信長の仲介で明智光秀の娘玉子を正室に迎えている。玉子はガラシャという洗礼名をもつ敬虔なキリシタンとして有名である。本能寺の変が起こると、当然、舅である光秀は藤孝・忠興父子を味方に誘っている。しかし父子は玉子を幽閉、この誘いを断り豊臣秀吉に従った。秀吉のもとでは忠興は子飼いの猛将である七将★に数えられるほど、多くの戦いで戦功をあげている。

忠興は武将として活躍する一方で、文化人としても一目置かれた人物である。父藤孝は幽斎と号し、和歌に精通した人物であったが、忠興も父譲りの文化的な教養を培っていた。和歌・絵画に通じ、特に茶の湯では千利休の門下に加わっており、その七哲★にも数えられている。利休が弾劾され切腹を命じられた時も、連座を恐れず見舞いに行っているほど、文化を尊重する人物であった。

忠興の息子で跡を継ぐことになる忠利は、ガラシャの子であるが、実は三男であった。関ヶ原の戦いの時に家康への忠誠を示すため、父忠興により江戸に人質に出されていたが、兄忠隆の廃嫡にともない世継ぎとなったのである。忠隆の妻

細川藤孝（永青文庫蔵）

細川忠興（永青文庫蔵）

▼七将
福島正則・加藤清正・池田輝政・細川忠興・浅野幸長・加藤嘉明・黒田長政。

▼七哲
蒲生氏郷・細川忠興（三斎）・古田重然（織部）・芝山宗綱（監物）・瀬田正忠（掃部）・高山長房（右近）・牧村利貞（兵部）。

千世《ちよ》は関ヶ原の戦いの直前、ガラシャと共に大坂の細川屋敷にいた。石田三成が諸大名の妻子らを幽閉し人質とした際、ガラシャはそれに従わず自決、千世は隣の宇喜多屋敷に逃れたという。ガラシャを失った忠興は、ガラシャを見捨てた千世に怒りをぶつけ、忠隆に千世との離縁を命じた。忠隆はこれに納得しなかったことから廃嫡となったのである。忠隆は長岡休無と号して京都にて静かに余生を過ごした。二男である興秋は細川藤孝の弟興元の養子となっていたため、三男忠利が世子となったわけである。

矢野三郎兵衛筆「細川忠利像」
（部分／永青文庫蔵）

細川家の入部

慶長五年（一六〇〇）十二月二十六日、細川忠興は子の忠利と共に丹後宮津から中津に入部した。入部早々、給人に対して九カ条の覚《おぼえ》を発し、領内支配の秩序を示している。内容は給人らが恣意《しい》的に百姓を人足として搾取することを禁じたり、他領に逃げた走《はしり》百姓を還住させることなど、兵農分離の政策に基づいたものであった。

宇佐市四日市に伝わった「豊前国宇佐郡四日市村年代記」によれば「(慶長)六年丑春、当国中御検地これあり。村々田畑を点検し、山里とも境目旁示の御改正をする」とあり、慶長六年春から領内の検地が行われたようである。宇佐市麻生の「禅源寺年代記録」にも同様に検地の開始が書き留められており、「村々山里ともに田畑のがれがたし」と徹底した検地の様子がうかがえる。

検地にあたって忠興は、その規則を定めた検地法度を出していて、それによると、

①耕地は一反を三〇〇歩とする
②検地の尺は一間竿を用い、場所の制約がある場合は検地縄を使用する
③田畠の位は五段階に分ける
④田地の量と百姓の数はなるべく平均化する
⑤地目は田・畠・居屋敷《いやしき》とする
⑥田畠の荒地については念入りに調べること
⑦日損《ひそん》・水損などによって引高《ひきだか》★を付け分けること
⑧大唐米《たいとうこめ》の田地は注記すること
⑨刈畠《かりばた》・山手は別帳をつけること
⑩郡と郡の間では田地が入り組まないようにする
⑪検地帳作成の宿所には出入りしないこと
⑫検地の時は地主以外近寄らないこと

など、検地の方法と基準や注意が定められている。この慶長の検地によって、細川領は実高三十九万九千五百九十九石が打ち出され、表高三十万石から約九万

▼引高
年貢を納める時に役職に応じて与えられた配当。日損・水損の状況によって配当が異なった。

九千石の増となった。細川家はこの後も慶長十四年、元和元年（一六一五）、寛永三年（一六二六）と、定期的に検地を行い、領内の年貢収入の安定を図ったのである。

　検地の結果、算出された石高を基に、忠興は家臣に知行地として領内を配分していった。三十万石を家臣の給地として配分し、残りの九万九千石余りを蔵入地としたのである。知行割りにあたり、陪臣を抱える大身の家臣は要所に配置した。例えば、門司には沼田延元《のぶもと》、香春《かわら》に細川孝之、龍王★に細川幸隆、高田に有吉立行、木付《きつき》★に松井康之といった具合である。知行地を与えられた給人は、知行地ごとに給人組に組織され、相談によって知行地を分けた。下毛郡で例を示そう。

　下毛郡伊藤田村千五百十九石三斗一升二合は長岡平左衛門尉を含む四名の給人に与えられた。長岡平左衛門尉は三淵好重《みつぶちよししげ》ともいい、忠興の父藤孝の弟である。つまり忠興の叔父にあたる。組中に発給された文書は次の通り。

　　豊前国下毛郡内
一、千五百拾九石三斗壱升弐合　　伊藤田村
　　已上
　右之内
一、千石　　長岡平左衛門尉
一、弐百石　　隣斎
一、百石　　喜多与六郎

▼龍王
現・宇佐市安心院町。

▼木付
現・杵築市。

一、弐百石　代官市左衛門尉　宮部市左衛門尉
一、拾九石三斗壱升弐合　蔵入
已上
慶長六年十月　日　（朱印）
長岡平左衛門尉組中

それぞれの給高にあたる給地を、伊藤田村を分割することによって配分している。余りの分は蔵入としているが、おそらくその中から代官給を宛行っている。このような支配形態を地方《じかた》知行といい、細川期はこれによって領内を支配した。

城番制と手永制

中津城に入城した忠興は、小倉城・門司城・龍王城・高田城などの八城を残し、ほかの城や砦については破却した。下毛郡では、黒田期に栗山氏が預かった平田城は破却され、一ツ戸城は要所として修復・普請が行われている。

領内の要所に配置された大身である人持衆《ひともちしゅう》は、小倉城に細川興元（忠興の弟）、門司城に沼田延元、香春岳《かわらだけ》城には細川孝之（忠興の弟）、岩石城には長岡忠直、一ツ戸城には荒川輝宗、龍王城には細川幸隆（忠興の弟）、高田城に有吉立

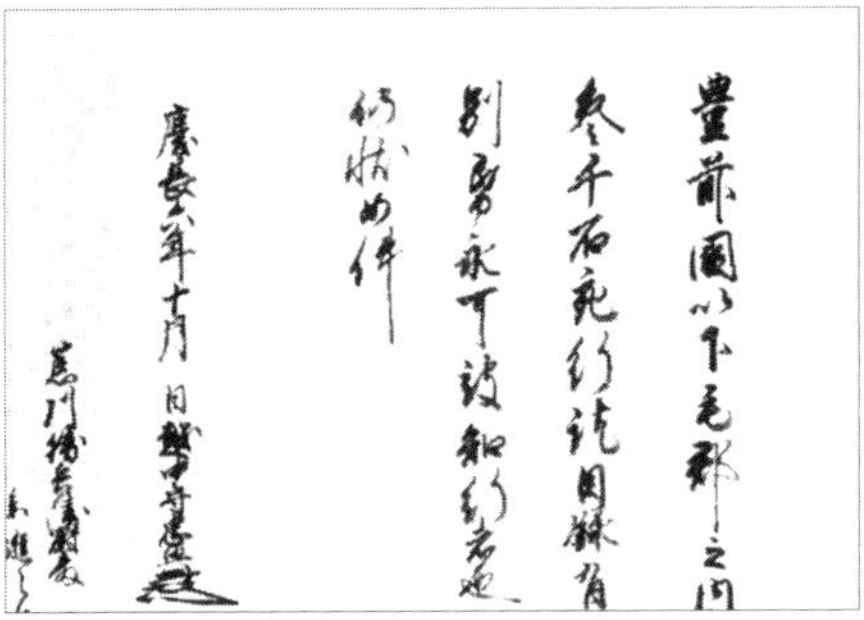
荒川輝宗宛細川忠興知行宛行状（個人蔵）

行、木付城に松井康之であった。これらを支城として城番を置いていたわけであるが、慶長六年（一六〇一）十二月に弟興元が出奔し、小倉城が空になった。そこで忠興は自らの本城を小倉に移し、細川藩の拠点となすことを決めた。翌慶長七年に城下町の普請工事は急ピッチで進められ、十一月にはほぼ完成し、忠興は小倉に入城したのである。中津城は二代となる忠利の居城としている。

藩庁を小倉に移した忠興は、地方の支配に手永《てなが》制というオリジナルな支配体系を用いた。これは、郡《こおり》奉行の下に惣庄屋という地方の役人を置き、一〇から一五程度の村を管轄させた。この結び合わされた村々を手永と呼び、法令伝達や年貢の割り付け、治安維持や村落間争いの調停などの地方支配の機構を整備した。

惣庄屋には旧地侍や土豪らを採用したことから、行政制度とはいうものの、地縁的で世襲性が濃い制度であったようである。細川家は肥後に移った際もこの手永制を採用した。細川の後に小倉に入る小笠原忠真もこの手永制を踏襲しているが、中津に入る小笠原長次は手永制を改めて村組制を導入した。

忠興の隠居と中津領、肥後への移封

元和元年（一六一五）、江戸幕府は一国一城令を発布し、細川藩は小倉城を除く八城についての破却を迫られた。忠興は中津城についてはなんとか残したいと忠利に、土井利勝に相談するよう仰せつけている。忠利が幕府に訴えたことにより、幸い残置《ざんち》が決定した。元和六年、忠興は三男で世子となっていた忠利に家督を譲り、剃髪して三斎と名乗った。忠利が小倉城に移ると、隠居した忠興は逆に中津城に入り、その隠居城とした。忠利は父忠興の隠居料として七万九千石を預け、豊前中津領が成立したのである。

中津に入った忠興は中津城を修築、城下町を整備し、それぞれの口に番所を設け、出入りを監視させた。城下町には町割り令を発令し、新たな町の創設、水道の整備、新田開発など、およそ隠居したとは思えないほど、精力的にまた独自的に中津領を形成していったのである。

忠興は家臣団も独自に置き、いわゆる中津衆とした。この中津領、中津衆については、「三斎様御蔵納分の人畜についてては、御意をえられず候へばならざるの由、中津奉行共申すにつき」とあり、忠興固有の独立した所領で、奉行衆についても忠利の意を受けない存在であったようである。これにより細川藩は忠利の小倉領と忠興の中津領とに分離したのであった。

寛永九年（一六三二）正月二十四日、江戸幕府前将軍で、大御所政治を行っていた徳川秀忠が逝去した。幕府の実権は秀忠の子で「生まれながらの将軍」であった家光に引き継がれた。しかし、父秀忠や母崇源院は家光よりも弟の忠長を寵《ちょう》愛していたようである。このことが一つの要因となり、この年、四月十九日に、外様大名を揺るがすある事件が起こった。

秀忠付の老中として幕閣の中心的人物であった土井利勝が、家光を廃嫡し忠長を将軍職に擁立しようという謀叛の呼びかけをつづった文書が、諸大名のもとに届けられた。諸大名らは、書状をもって土井利勝の謀叛を家光に注進したが、忠長と熊本藩主加藤忠広だけがそれを注進せず、家光から勘気をこうむり改易となったのである。これは家光と利勝が謀って諸大名の忠誠心を試したものといわれている。一説には、この謀叛の書状が幕府代官井上新左衛門の宅内に投げ込まれ、犯人を調べたところ、加藤忠広の子光広の家人である前田五郎八であったので、問い詰めたところ、光広の悪戯であったとされている。いずれにしろ、加藤家は所領没収、改易の身となり、忠広は山形の酒井忠勝のもとに配流、子の光広は飛驒の金森重頼へ預けられた。

この家光の仕置は外様の大大名加藤家を標的にしたものであり、九州の外様大名を震え上がらせた。この事件をきっかけに譜代の大名が九州へ配置されることとなったのである。細川家は外様ではあったが、幕府に忠実であり、南の島津とも良好な関係であったことから、加藤氏の改易後、肥後五十四万石へ加増移封となった。忠利が肥後熊本藩細川家初代藩主となり、父忠興は八代《やつしろ》城を隠居城として入城した。

キリスト教の理解者から弾圧者へ

天文十八年（一五四九）、フランシスコ・ザビエルが日本にキリスト教を伝え、特に九州では、大友宗麟がザビエルに布教を許可し、有馬晴信や大村純忠らは入信してキリシタン大名となった。九州一円にキリスト教は広がり、天正の頃には全国一五万人のキリシタンのうち、九州の者は一二万人に上ったという。天正十五年（一五八七）六月、九州にてキリスト教の盛んなことを見た豊臣秀吉は、キリスト教は邪法であるとして、博多にて禁教令を発した。

しかしながら、大名にも浸透していたキリスト教はすぐに弾圧されるわけではなく、表向きには教えを捨てたとしていても、自らの信仰をやめることができなかったキリシタン大名は多くいた。黒田官兵衛と長政はその代表例である。官兵衛はイタリア人宣教師オルガンティノから洗礼を受け、ドン・シメオンという洗礼名を名乗った。中津に所領を得たのちも、スペイン人のゴメスやセスペデスといった宣教師を招き、布教をさせたという。中津での復活祭をゴメスに任せて行い、長政や、弟利高・直之、また大友義統《よしむね》ら近隣の大名を入信させている。城下にはレジデンシヤ（伝道所）の設置を許可し、宣教師たちはそこからイエズス会への報告を行っていた。息子の長政は父以上にキリスト教に熱を上げていたとい

フランシスコ・ザビエル画像
（部分／神戸市立博物館蔵）

い、官兵衛の葬儀を博多の教会で行っている。

豊前には黒田期からかなりのキリシタンがいたようであり、それは、細川忠興の入部によってより一層なものとなったようである。忠興は敬虔なキリシタンであるガラシャを妻にもち、自身も理解をもっていた。息子忠利は母の影響でキリスト教の洗礼を受けていたという。豊前に入部した時も小倉に三人のイエズス会宣教師を置いて伝道所を与えた。忠利も中津城下に伝道所を設けてその費用を負担していたようである。豊前領内のキリスト教信者は三〇〇〇人に上ったという。慶長八年（一六〇三）にはガラシャの三周忌の法要が行われ、長崎からパードレ★たちが呼ばれ、多くの楽器や楽人など式に必要な人や物が送られている。おそらくキリスト教式の追悼祭であったのであろう。

このように豊前においてはキリスト教の庇護が行われ、多くのキリシタンがいたが、慶長十八年に幕府により禁教令が発布され、宣教師・教徒の国外追放が行われるなど、その状況は一変した。キリシタン大名にとって一番の事件は高山右近のマカオ追放であろう。これによって諸国の、特に西国の大名たちはキリスト教との絶縁を幕府に宣言し、キリシタン弾圧にその方針を変えていった。

細川氏も例外ではなく、むしろ積極的に弾圧を加えていったようである。慶長十九年二月二十八日の「下毛郡伴天連門徒御改帳」によれば、下毛郡内の村々の一二六人のキリシタンの名が書かれ、キリスト教の道具類を差し出させて棄教さ

▼パードレ
イエズス会の修道者で、司祭職を務める者。

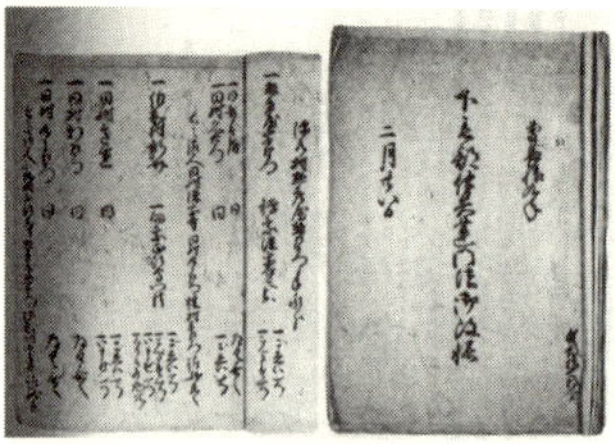
「下毛郡伴天連門徒御改帳」
（熊本大学付属図書館蔵／松井家文書）

せている。宣教師の記録では元和四年（一六一八）に、忠興が小倉で二五名、中津で一三名のキリシタンを極刑に処したことが書かれている（『日本切支丹宗門史』）。忠興は政治的な背景から、キリスト教の理解者から弾圧者へと変貌したのである。

5

中津城の築城と城下町の形成

数多くの城の縄張を行った官兵衛が、自らのために普請した中津城。
穴太積の技法をもって築かれた石垣に囲まれた城郭は九州最古の近世城郭の一つ。
城はその後、細川期に改修され、城下町も大きく成長していった。

官兵衛の築城――九州最古の近世城郭

ここでは、黒田官兵衛が築城を始め、細川忠興が改修を加えた中津城とその城下町についてみていきたい。中津城は先に述べたように、豊前一揆が終結した天正十六年（一五八八）正月十一日より築城が開始されたという。城地は中津川河口の堆積地で、島田という字《あざな》が残ることから、河口の島状の平地であった。城地にはもともと、小犬丸という村があり、その中央に中津江太郎や五名主《ごみょうしゅ》といった中世の在地領主と思われる人物たちが本拠にした丸山城という城館があったとされる。また、この場所にあった明蓮寺は築城の時に城下に移されたといわれている。官兵衛は伊予屋弥右衛門という商人の宅をその仮陣として丸山城を大改修し、石垣造りの城郭を普請したといい、伊予屋があった場所を京町として城下町の中心にしている。一説には犬丸城や日隈城といった、一揆勢の籠もった城から材木や石を運び城の部材にあてたという。

石垣には当時の最高技術である穴太衆《あのう》による穴太積が施され、官兵衛が中央の技術をもって石垣を普請したことがうかがえる。また、城の西側、つまり川に面した箇所には、上流にある古代の城跡（唐原山城跡《とうばるさん》）からその石材を運び、再利用していて、現在も、四角に加工された石材を見ることができる。

近世の紀行文に「城かきあげばかりにて、土手に松など植え置かれし」（『閑居草庵記』）とあるように、官兵衛の中津城は土塁に囲まれた中世的な城館であったともいわれていたが、実際には、築城の名手である官兵衛がそのもてる技術を使って築いた自らの居城であったのである。天守についてははっきりとした記載がなく、『黒田家譜』に石垣原の合戦の際、城の天守から金銀を出し兵を集めたと書かれているが、おそらく二階ないし三階の櫓《やぐら》がある程度ではなかったかと思われる。

城下には、町屋を集住させた。播磨から商人を連れてきてつくった姫路町、京都からの移住者が多く集まった京町、博多の商人が移住して店を構えた博多町など、城地に近い東側に城下町が形成された。

官兵衛は城下の防備も踏まえて城下の東端に三つの寺院を開いたといい、官兵衛の弟とされる市右衛門が剃髪し光心と号して、父職隆《もとたか》の菩提を弔うために開山

唐原山城跡から運んだ積み石（中津城跡）

穴太積の石垣（中津城跡）

した西蓮寺や、真誉《しんよ》上人によって開山された円応寺がある。光心や真誉上人は黒田家の福岡移封に従って共に移り、福岡城下にも寺院を開いたという。また、宇都宮鎮房の従臣らが討伐された合元寺も官兵衛の開山であるとされ、姫路より官兵衛に従ってきた空誉上人が本尊を祀って開山したという。この三カ寺を中心に、細川期、小笠原期、奥平期と寺院が増え、寺町として成長していった。

細川忠興による元和の大改修

慶長五年（一六〇〇）、黒田家の後に細川家が中津城に入城したのであるが、細川忠興は小倉城を本城と定め、中津城は嫡子忠利に預け、自身は同七年より小倉城の改修・造営を開始し、小倉に入った。中津城は忠利が翌八年より改修を始めたという。記録では慶長十二年九月までに西門と三の丸が整備されたという。本丸を囲む石垣は高く積み足され、石垣幅は内側に拡張され、石垣上に多聞《たもん》櫓を廻らせたようである。

元和元年（一六一五）、江戸幕府は一領国（藩）内における城は一城のみという一国一城令を発布した。目的は、諸大名の拠点を一カ所に限定し、勢力をそいで幕府による全国的な支配を強くすることと、地方の城下町の集中によって経済を発展させることであった。豊前細川領についても小倉城が本城であったので、中

黒田と細川の石垣境（中津城跡）

円応寺（中津市寺町）

津城は廃城の危機に迫られた。忠興は忠利に書状を出し、中津城のことは老中土井利勝に相談するように仰せつけている。結果、中津城は残されることとなり、そのまま忠利が治めることとなった。

元和六年、忠興は隠居し、家督を継いだ忠利が小倉城へ入城した。忠興は入れ替わりで中津城に入ったが、中津領と呼ばれる独自の所領をつくり上げ、中津城に関しても隠居城と思えないような整備を進めた。忠興によって整備された中津城は、その後、小笠原・奥平と続き現在も城跡が残されている。

細川期に整備された城地をみていこう。まず本丸を二段に分け、北側の高いほうを上段とし、藩主の居住空間とした。下段は藩庁として藩政の場とした。二の丸・三の丸を設け、二の丸には長福寺という寺院を建立した。門については、大手門・西門・黒門《くろもん》・樫木門・北門・椎木門《しいのきもん》・鉄門《くろがねもん》・水門の八門とした。外郭は城下町の四方を取り囲む惣構えとし、おかこい山と呼ばれる土塁と水堀によってそれを守護した。城下へ入る口は小倉口・広津口★・金谷口・島田口・蠣瀬《かきぜ》口・大塚口の六口を整備して番所を置いた。もっともこれらの城の設備は黒田期にも存在したものが多く、細川氏も多くはそれを踏襲したと考えられるが、記録にはそれらが細川期の整備としてあげられている。

忠興はまた、山国川の氾濫に対処すべく、金谷に堤を築き、城下に流れていた大家川の流れを止めた。そのかわりに、上流の藍原村の三口の大井手から水を取

▼**広津口**
別名、渡守口。

水し、城内まで引き込み、城内の生活水とした。水の到達点である本丸には池が造られ現在も三斎池として親しまれている。

　忠興は城下町の発展にも努力をしている。奉行槇左馬と大工頭孫兵衛に命じて、町割りを改めさせた。十助堀《じっすけぼり》という城の南東にあった堀を埋めて新博多町をつくったのをはじめとして、黒田期にあった姫路町・京町・博多町に加えて米町・豊後町・新魚町・角木町・諸町・塩町・堀川町・船町・古魚《ふるうお》町・桜町の計一四町を整えたという。

三斎池

これも中津

現在に伝わる中津藩①
黒田家・細川家ゆかりの地

中津城跡——石垣と城井神社

　中津城跡には黒田官兵衛が築いた石垣が現存している。自然石を用いた穴太積《あのう》の石垣が廻らされた城跡は、九州最古の近世城郭の風格を現在に伝えている。本丸西側、川沿いに築かれた石垣に使われた石は、四角に加工されており、L字の加工痕が施されている。これは上流の福岡県築上郡上毛町にある七世紀の山城・唐原山《とうばるさん》城跡から持ち出された古代遺跡の遺構であり、官兵衛が付近の遺跡や城跡から石材などを運んだ形跡を見ることができる。

　本丸上段に鎮座する城井神社は、中津城の鎮守であり、黒田家によって滅ぼされた宇都宮鎮房の霊を祀っている。歴代藩主は非業の死をとげた鎮房の霊を慰めることで領内の安寧を願ったのであろう。

唐原山城跡（福岡県築上郡上毛町唐原）

寺町筋——合元寺と宝蓮坊

　城下の寺町には黒田家入部後、建立された寺院が密集している。中でも目を引くのが、〝赤壁寺《あかかべでら》〟合元寺《ごうがんじ》である。黒田官兵衛の開基によるこの寺は、宇都宮鎮房謀殺の時、この寺に待機していた鎮房の従臣らが、黒田の兵に攻め込まれて討ち果たされた場所であり、その時、壁に散った血が何度白く塗り直しても赤く染み出してくることから、ついに赤く塗ってしまったという伝説がある。

　寺町の入り口には楼門がシンボリックな宝蓮坊がある。行橋の浄喜寺の住職であった村上良慶が、細川忠興に随行して中津に入り、この寺を開いたと伝えられている。

薦神社楼門

　中津市大貞に鎮座する薦神社は、全国八幡宮の総本社宇佐神宮の祖宮といわれ、承和年中（八三四〜八四八）の創建と伝わる。江戸時代、細川忠興によって社殿が再興された。そのうち、楼門が元和七年（一六二一）に再建されたことが確認され、桃山様式の面影が残る建築物として、国重要文化財に指定されている。

薦神社楼門（中津市大貞）

これも中津

古刹羅漢寺

歴史

江戸時代に参詣客であふれた耆闍窟山《ぎしゃくつせん》羅漢寺は、大化元年（六四五）にインドからやって来たという法道仙人によって開かれたと伝えられており、千三百年の歴史がある。この時、法道仙人が納めた閻浮提金《えんぶだごん》観音像であると伝わる奈良時代の銅造観音菩薩立像が伝来している。

暦応元年（一三三八）、円龕昭覚《えんがんしょうがく》という僧が鎌倉五山で禅の修行を終えた後、故郷に近いこの地に大きな岩穴を見つけた。インドの耆闍窟や中国の天台山によく似ていたので、円龕はその石窟を「耆闍窟羅漢精舎」と名づけて修行を続けたという。

延文四年（一三五九）、逆流建順という僧が円龕を訪ねて羅漢寺に来訪した。耆闍窟を見た建順は、この窟に五百羅漢の像をつくることを思いたち、わずか一年で五百羅漢をはじめとする多くの石仏を完成させたという。これが現在、羅漢寺の由来となっている五百羅漢である。

迫力に圧倒される五百羅漢像

そのほかの見どころ

羅漢寺には五百羅漢のほかにも、千体地蔵や縁結び地蔵などの石仏、山門・本堂などの建物、庭園指月庵など、多くの見どころがある。羅漢寺に参詣するには、観光リフトが便利で、リフト登り口には、青の洞門を掘った禅海和尚の遺品を見ることができる禅海堂もある。

古寺の雰囲気を味わうには参道を歩くのもよい。江戸時代に整えられた石畳の道が、麓の智剛寺から続いている。菱屋平七の『筑紫紀行』に書き留められた参詣道が現在でも残っており、江戸時代となんら変わりない雰囲気の中を歩くことができる。途中には仁王門があり、大きな石の仁王が出迎えてくれ、桜・新緑・紅葉と、四季おりおりの景色が広がる。

第二章 小笠原氏の入封と治世

細川氏の旧領を小笠原氏が四家で分割し、中津藩が成立した。

1

初代藩主小笠原長次

鎌倉以来の名門小笠原家は信濃守護を世襲したが、戦国時代に武田信玄の侵攻によって本拠を失う。

徳川家康に参じ、松本を安堵されるも、大坂の陣で当主が戦死。

成長した跡継ぎ長次が中津藩八万石の藩主として入封する。

清和源氏の流れを汲む小笠原家

細川家が肥後五十四万石に転封となった寛永九年（一六三二）、豊前の地は小笠原家が拝領した。三十万石にも上る旧細川領は小笠原一族四家に分割された。本城であった小倉領十五万石には小笠原忠真、龍王領には松平重直、木付領には小笠原忠知が配され、中津城には播磨国龍野六万石を領していた小笠原長次が、二万石加増されて八万石を拝領して十二月に入部した。

さて、小笠原氏についてみていこう。小笠原氏は清和源氏の流れを汲む鎌倉以来の武家である。平安時代末期、内裏《だいり》の警護にあたっていた滝口の武士で、高倉帝に仕えていたという加賀美遠光《かがみとおみつ》をその出自としている。遠光の二男で甲斐国小笠原を所領として相続した長清が小笠原姓を称してその祖となった。

長清は『平家物語』にも平知盛の被官として登場するが、源頼朝の挙兵に呼応し、平家追討に奔走。その功によって信濃守に任じられた。これにより信濃守護小笠原氏が誕生したのである。

小笠原家は代々信濃守護を世襲し、信濃国深志《ふかし》を本拠地としていた。戦国時代の棟梁長時の時、隣国の武田信玄が信濃に侵攻し、長時は敗れて本拠を失った。子の貞慶の時に織田信長、徳川家康に参じ、信濃奪還後、旧領を安堵され、深志の地名を松本に改称した。貞慶の子秀政は家康の長男である信康の娘登久姫を正室として迎え、徳川家と親戚関係を結んでおり、徳川譜代の大名に名を連ねた。

祖父秀政と父忠脩《ただなが》

小笠原貞慶の子秀政は、永禄十二年（一五六九）に山城国宇治田原で生まれた。時に小笠原家は武田信玄に追われて流浪の身であった。父貞慶は天正十年（一五八二）に織田信長が本能寺の変にて死去すると、徳川家康のもとに人質として秀政を差し出して家康の家臣となった。秀政は石川数正に預けられたが、数正は小牧・長久手の戦い後である天正十三年十一月、家康のもとを出奔し、秀吉の傘下に加わった。

数正・父貞慶と共に秀吉のもとに仕えた秀政は、当時貞政と名乗っていたが、秀吉から偏諱《へんき》を賜り秀政と名乗る。天正十七年に家督を譲られ、秀吉の仲介により家康と和睦、家康の孫娘登久姫を正室に迎えた。翌年、小田原征伐で戦功をあげて讃岐半国を賜ったが、尾藤知宣★という武将をかくまったことで秀吉の怒りに触れて改易となってしまった。これにより秀吉のもとを追われた貞慶・秀政父子は、旧主徳川家康のもとへ戻り、再び家臣となった。これを喜んだ家康は、下総国古河《こが》三万石を与え、関ヶ原の戦いの後、信濃国飯田《いいだ》五万石、そして慶長十八年（一六一三）には、旧領である松本八万石に加増移封となったのである。この間に代は秀政の子忠脩《ただなが》に移っていた。

小笠原忠脩は、文禄三年（一五九四）に信濃国松本にて秀政の世継ぎとして生まれた。母は家康の孫娘登久姫であったので、家康にとって忠脩は曾孫にあたる。元服にあたって、徳川秀忠より偏諱を賜って忠脩と名乗った。慶長十二年、父の隠居にともない家督を継いでいる。

大坂の陣後の中津藩への移封

豊臣秀吉の死後、天下の実権は徳川家康が握り、慶長十九年（一六一四）、大坂の陣が勃発した。家康は幕府軍として大名の兵を結集、編制し、その軍は総勢二

▼尾藤知宣
尾藤知宣は、九州征伐の時に行軍における慎重論を注進したことで秀吉の怒りを買い、追放された人物である。

〇万に及んだ。駿府を出発した家康は、十一月、本陣を大坂城の南の茶臼山に定め、大坂城を包囲した。小笠原家はこの時、忠脩が松本より軍を率いて参戦している。この冬の陣は大坂城包囲戦であることと真冬の戦いであったことから、軍費の消費が激しかったようであり、小笠原軍も困窮し国もとへ物資や軍費をたびたび要請したという。

冬の陣での講和条件で堀が埋められ、大坂城の防衛施設としての機能はもはや皆無に等しかった。慶長二十年、大坂での牢人による乱暴狼藉が問題となり、徳川方は豊臣方に対して牢人の解雇、そして豊臣家の移封を要求。豊臣方がそれを拒否すると、家康はふたたび諸大名に集結を号令した。小笠原秀政もこれに応じて松本の守備を忠脩に任せて出陣、伏見城に向かった。忠脩は戦功を立てたい一心からか、幕府の命が下っていないにもかかわらず父の後を追って出陣し合流した。これは紛れもない命令違反であり、忠脩がいかに家康の曾孫にあたるといえども処罰は免れないほどの罪であった。しかし、本多正信のとりなしもあって、忠脩が処罰も恐れずに出陣したという勇気が認められ、従軍が許されたという。

堀がない大坂城はもはや裸同然であり、城衆は城外へ打ってでることしか道はなかった。大坂城へ向かう幕府軍を大和口や河内口などで豊臣勢が迎え撃つも及ばず、五月七日、天王寺口にて戦国史上最大ともいえる合戦の火蓋が切られた。大坂冬の陣で家康が陣を張った茶臼山には真田信繁が、四天王寺には毛利勝永、大坂

「大坂夏の陣屏風」小笠原隊（大阪城天守閣蔵）

城のすぐ南には大野治房が布陣し、徳川勢を迎えた。家康は天王寺口を突破するため本多忠朝を先鋒大将として隊を組み戦闘を開始、大量の火力兵器が投入されたため、瞬く間に戦火は広がり、戦場は混乱状態となった。本多勢と対峙していた毛利勝永軍は混乱に乗じて本多勢を撃破、家康本陣に迫らんとする勢いで前進した。ここで本多勢の救援に参じたのが小笠原秀政・忠脩父子である。二番手に配置されていた小笠原家は先鋒本多勢が突破されつつあることを受けてその救援に向かった。しかし、毛利の猛攻と側面からの木村宗明の挟撃を受け、忠脩は討ち死にした。秀政も瀕死の重傷を負って戦線を離脱するも、回復叶わず戦死といなった。秀政四十七歳、忠脩二十二歳。小笠原家はまだまだ働き盛りの当主二人を失う結果となったのである。

播州龍野藩より中津藩八万石へ

忠脩の子長次は幼名を幸松《ゆきまつ》といい、慶長二十年（一六一五）五月二十五日に信濃国松本城に生まれた。父忠脩・祖父秀政は共に長次が生まれるわずか十八日前、大坂の陣にて戦死している。小笠原本家の跡は忠脩の嫡子長次が継ぐ予定であったが、まだ幼いという理由から、本家の家督は忠脩の弟である忠真《ただざね》に移り、忠脩の正室亀姫は忠真の正室として迎えられた。つまり長次はこの忠真の養子となり

小笠原長次像
（吉富フォーユー会館蔵）

養育されたのである。元和三年（一六一七）冬、父祖の功をもって小笠原家は播磨国に移り、忠真が明石十万石を拝領した。寛永三年（一六二六）九月には長次が龍野六万石を賜った。長次は同四年春に元服し、この年冬、従五位下に叙されて信濃守に任ぜられている。

「小笠原家領地の変遷」

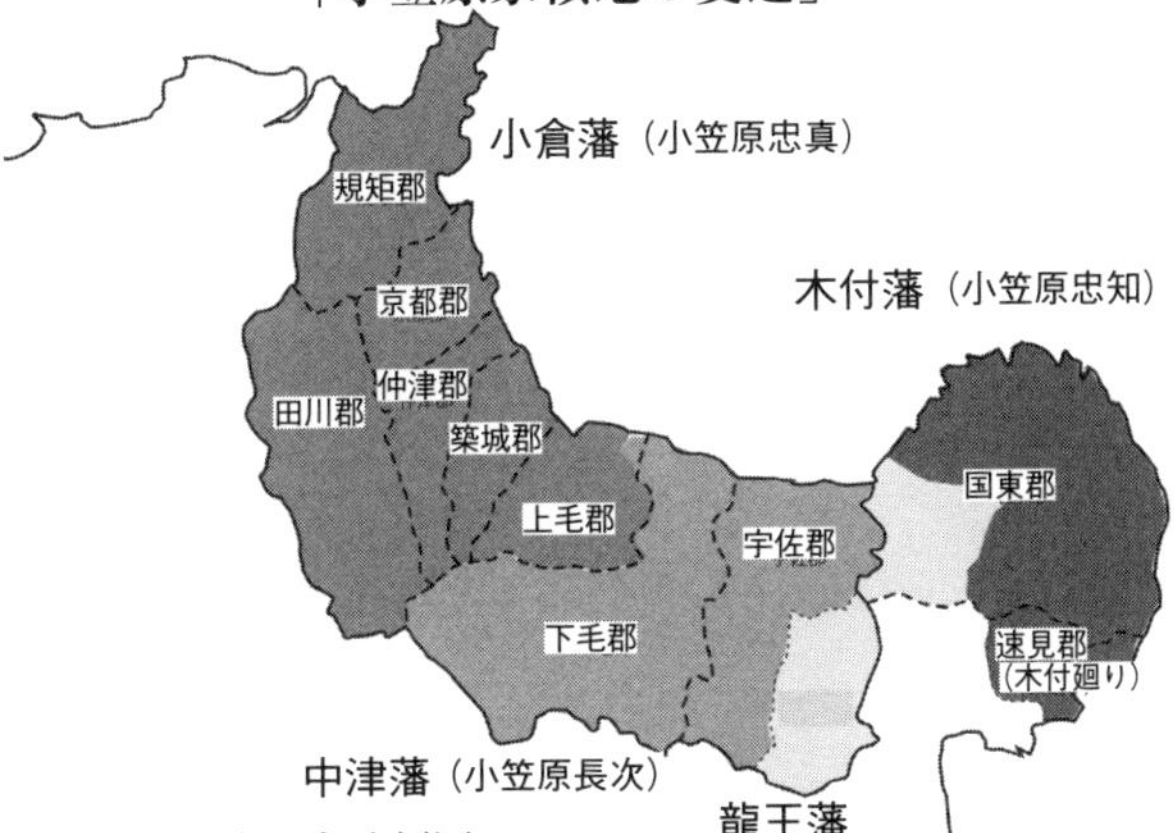

小笠原家分領図

小笠原前期の中津藩

小笠原後期の中津藩

寛永九年、幕府は譜代小笠原一族の移封を決定し、長次は叔父忠真らと共に豊前国を分領した。細川家の旧領は四つに分割され、宗家忠真は小倉領十五万石を、また同じく叔父である松平重直が龍王領三万七千石、小笠原忠知が木付領四万石を拝領し、残る中津領が長次の領知するところとなった。長次は十二月十一日に龍野より移って中津城に入り、八万石を拝領したのである。朱印状は寛永十一年に発給されている。

豊前国下毛郡四万千四百八拾五石八斗余、宇佐、上毛両郡之内三万八千五百拾四石壱斗余、都合八万石　目録在別紙　事宛行之訖、全可領知者也、仍如件

寛永十一年八月四日　（朱印）

小笠原信濃守とのへ

小笠原長次が拝領した中津藩の領地は、下毛郡八二村、上毛郡一九村、宇佐郡一二四村と三郡にまたがっている。長次は、細川時代の手永制度を改め、村組制を導入し、村々を「組」に整理し、「大庄屋」を設けて地方支配を行った。また、家臣である犬飼半左衛門、小笠原治郎兵衛、小笠原修理、丸山将監、溝口式部らと合議して国政に努めたが、彼ら家臣に対して知行地を与える地方知行制を採用している。

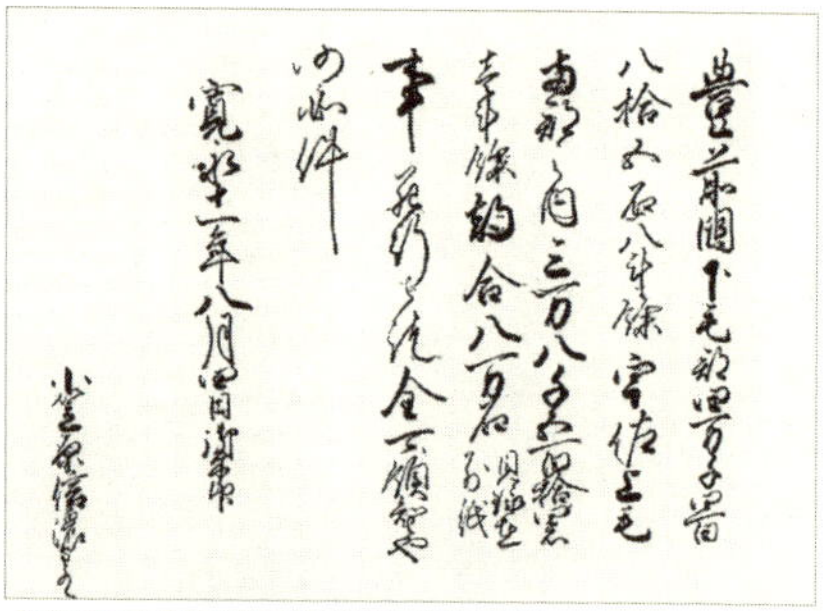

小笠原長次宛徳川家光知行宛行状

②長次の政治

寺社を重んじ、領民の安寧を第一とした長次は、城下町の整備や治水に力を入れた。一方で島原の乱への出兵など、武士としての職務も全うし、領民・藩士から慕われた藩主であった。中津の町を見守るように建てられた長次の墓所には一〇一基もの燈籠が献納された。

仏神への崇敬

中津に入部した小笠原長次はまず、仏神に深く帰依し、神社仏閣を外護《げご》した。豊前一の宮の宇佐神宮をはじめ、大貞八幡宮・古表《こひょう》神社・羅漢寺・善光寺・清水寺といった領内の寺社に領地を寄進した。下毛郡内ではほかに、城下の六社宮《ろくしゃぐう》・闇無浜《くらなしはま》神社や山国の雲八幡宮といった神社や、古刹長谷寺、菩提所の開善寺・法性寺・大法寺、祈禱所である光久寺・愛染寺・東学院の諸寺院に寄付を行っている。長次は神社仏閣を外護することにより、領民の安寧を願ったのである。

しかしながら、これは古くからの権威である寺社の特権を認めるものではなかった。万治年間（一六五八〜一六六一）、長次は領内に広がって散在していた宇佐神宮領の整理を命じた。これに宇佐神宮側は反対し、宮司である宮成《みやなり》と到津《いとうづ》の両家は抵抗の姿勢をみせたため、長次は家臣の丸山将監に命じて到津宮司を捕縛し詰責したが、宮司は小笠原家の支配を承知せず、そればかりかこの事態を幕府に訴えたのである。しかし、幕府は小笠原家の支配に任せるという判決を出したため、両宮司は罪科を問われ蟄居《ちっきょ》を命じられ、領内の宇佐神宮の勢力は押さえ込まれることとなった。小笠原氏による仏神の外護は単に領内の安寧を願うという目的だけではなく、それまでの中世的な寺社権力を抑えて寺社を大名支配のもとに置くという目的もあったといえよう。

島原の乱

寛永十四年（一六三七）、松倉勝家が領した島原藩の島原半島と、寺沢堅高が領した唐津藩の飛地《とびち》である天草諸島の民衆が結集し、飢饉の被害から発生した百姓の酷使や重い年貢負担を訴えて蜂起した。一揆の勢力は二万〜三万といわれ、キリシタンを中心とした住民たちと、有馬氏の旧臣であった土豪たちが、天草四郎時貞を首領に担ぎ上げて結集した。

「有馬陣始末記録之抜書」によれば、島原の乱（天草の乱）における中津藩の軍勢は三二〇〇人とある。また、「長次肥州有馬陣人数記」には、侍大将である犬《いぬ》飼《かい》半左衛門、小笠原伯耆守、小笠原治郎兵衛、溝口式部、丸山将監、島立源太左衛門、佐々刑部をはじめとして二三九〇人の陣立てであったという。この軍勢には大庄屋一六名も含まれており、家臣団として編制されていたことがわかる。戦闘では一九人の家臣が討ち死にし、小笠原勢は寛永十五年の乱終結後に帰国した。中津に戻ると、長次は城内の桜馬場で犬追物《いぬおうもの》や笠懸、馬合せ、槍合せなどの行事を行い、源頼朝の故事にならって、赤尾山では鳥狩り、妙見山では猪鹿狩《いのしかがり》りをして三昼夜にわたって大いに戦勝を祝ったという。

三万七〇〇〇人の農民が命を落とした乱は、島原・天草地方に大きな損害をもたらした。幕府はこの復旧のため、九州の大名に命じ、領民の移住を行った。中津藩では八竈（一竈＝四～五人の家族）と農耕牛馬の移住を行ったようである。

天領日田を預かる

寛永十年（一六三三）、中津藩小笠原家は、領地のほか幕府天領である日田《ひた》六万石を預地として賜った。

日田は文禄二年（一五九三）の大友氏の改易後、秀吉の蔵入地となり、同三年に代官として入封した宮木長次郎が支配した。慶長元年（一五九六）には毛利高政が日田・玖珠二万石の大名として入り、同五年、関ヶ原の戦いの際には黒田官兵衛が奪取し、日隈城に入城。家臣の栗山利安を城代とした。以降、慶長六年には小川光氏、元和二年（一六一六）に石川忠総が入部したが、大名領の時期以外は幕府天領であった。寛永十年、石川忠総の佐倉移封後、日田領は中津藩小笠原家に、玖珠領は木付藩小笠原家に預けられ、中津からは久野六太夫、杵築からは竹内伊右衛門が遣わされ、日田・玖珠代官として守りにあたった。中津藩小笠原家の日田支配は寛永十七年まで続いている。

　また、寛永十五年に天草の乱の功績によって日田六万石を拝領したとする説もある。その説によると承応二年（一六五三）、日田郡鎌田村と出口村において、あることで相論が起き、ついに幕府の裁断を仰ぐことになった。長次の気性はさっぱりとしていて、複雑なことを好まなかったので、預地であった日田を幕府に返上してしまったという。

　寛文六年（一六六六）五月、長次は病を患

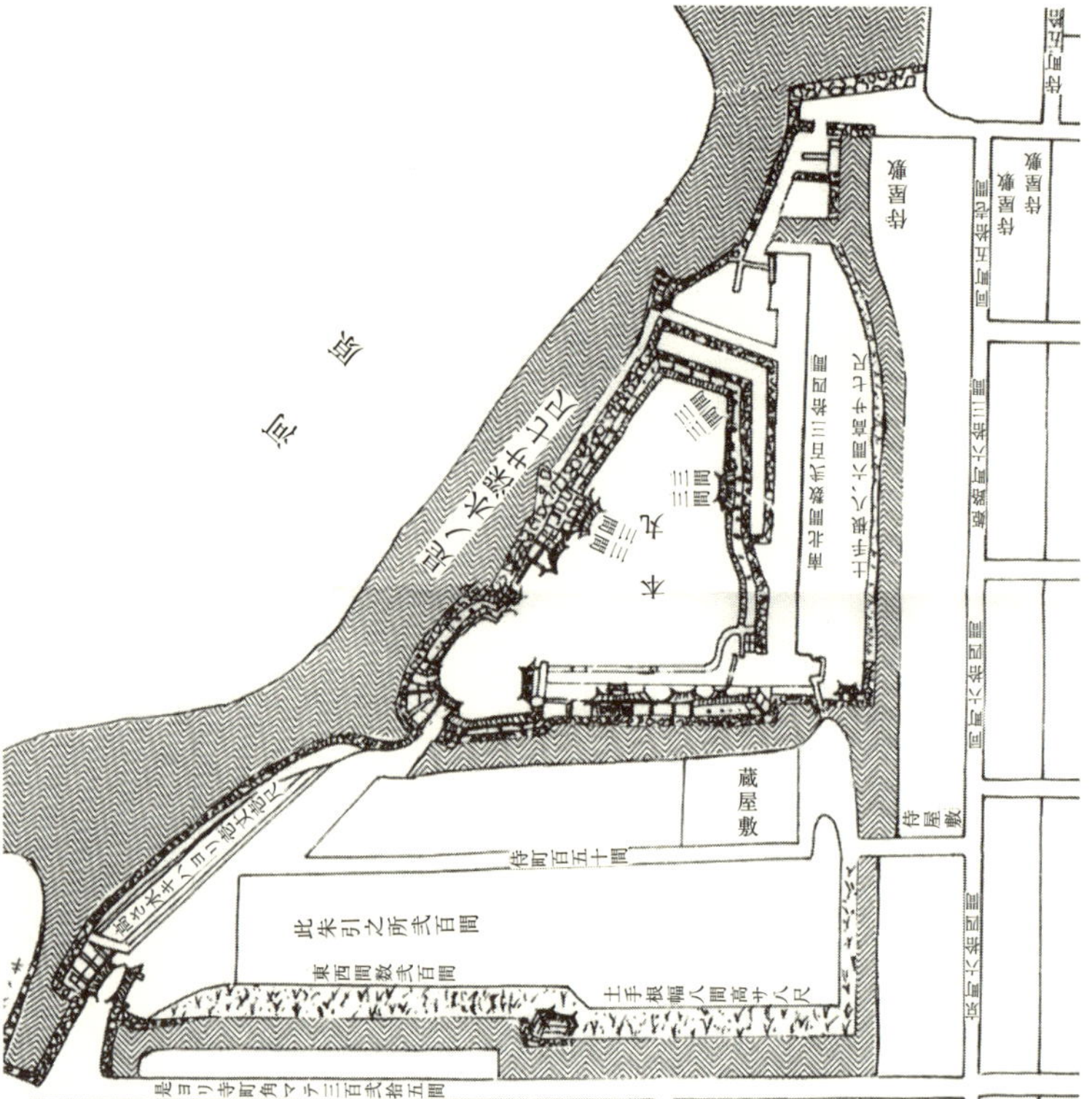

小笠原時代の城下図（『中津藩の歴史と風土　第四輯』より）

い、日を追ってますます重くなっていった。小倉や福岡の医者や、長崎にいた明《みん》の医者などを招いて医療を尽くしたが、その甲斐なく、五月二十九日に没した。

長次は病を患うと犬飼・小笠原治郎兵衛の二老臣を召して、「私の病は篤く近いうちに死ぬだろう。家督は長子である長知ではなく、二子長勝に与えよ。そして汝らはこれを助けよ。私を葬る時は甲冑を着せ、大小刀を帯し、払子《ほっす》を持たせて、広津山の頂に埋めよ」と遺言し逝去したという。年は五十二歳、遺言通り広津村（現・福岡県築上郡吉富町）の天仲寺に葬られ、長松寺殿慈恵源恵公大居士と諡号《しごう》された。藩士・領民は皆大いにこれを哀悼したという。家臣二十数人が殉死しようとしたが、前年に幕府より殉死禁止の令が出ていたため果たせなかった。

翌年、墓所に廟屋《びょうおく》を造営し、廟前には火袋《ひぶくろ》に三階菱《さんがいびし》の家紋をあしらった燈籠《とうろう》一一基を奉納した。これを小笠原燈籠という。この小笠原燈籠は十三回忌にあたる延宝七年（一六七九）には九〇基が奉納され、合わせて一〇一基の石燈籠が献納された。そのほかにも一の門、二の門、手洗い所、石盥盤、敷石、石段など、大名の墓所としてふさわしい廟所として整備されたという。

中津の町づくり

中津の城下が総《すべ》て整ったのは小笠原長次の時期、すなわち寛永より寛文の頃で

小笠原長次墓（福岡県築上郡吉富町）

あったという。中でも特筆すべきは、承応元年（一六五二）、町奉行沢渡志摩、大工頭内海作兵衛の二人に命じて行った上水道の工事である。石樋《いしどい》を市街に埋め、清水を藍原村《あいはらむら》三口《みくち》★より引いている。これを御水道《おすいどう》といった。

当時、水道工事は多くの城下町で行われた。江戸をはじめ、水戸、小田原、甲府、富山、駿府、名古屋、桑名、鳥取、福山、高松で認められる。

中津城下の水道はそもそも細川忠興が城内に山国《やまくに》川の水を引いたのが始まりである。忠興は城内の用水確保のため、三口《みくち》の大井手《おおいで》から水を引いたという。城内に設けられた用水池は忠興の号をとって「三斎池」と呼ばれた。

小笠原長次が整備した御水道は、大井手の三個の口の中流を水道用とし、取り入れ口から島田の水道口までは暗渠《あんきょ》としてそこから城下町に分岐させた。主要な幹線沿いには石樋を通して、分岐に木や石の枡《ます》を設置し砂や泥の沈殿にあて、浄水のみを流し、城下町に水道網として張り巡らせていた。幹線からは竹筒にて各家や長屋の井戸へ水が流れる仕組みである。

村方では池の新造による新田の開発を行っている。寛文二年（一六六二）、やはり内海作兵衛を棟梁として、上毛郡の中村・別府《びょう》村の大庄屋を兼帯していた前田治右衛門を普請掛に命じ、大ノ瀬新池の築造を行った。この新池の工事により直江・別府・今吉・鈴熊・土屋・楡生《にりょう》・和井田・吉岡・中村の九カ村一一〇町歩の水田を潤すことができ、領内の生産高が増えた。

▼藍原村三口
現・中津市大字相原字三口。

御水道関係の展示（中津市歴史民俗資料館）

◇3

悪政の時代

長次以後、約八十五年間続いた小笠原氏の中津藩は、歴代藩主による失政と乱行により財政の悪化を招いていく。改革や新田開発などを行うも、酷法や悪政によって領民の心は離れていった。

二代藩主小笠原長勝

二代藩主小笠原長勝は長次の二男である。幼名は辰之助、のちに内匠頭《たくみのかみ》と称した。母は北の丸といい、正保三年（一六四六）九月二十五日、中津に生まれた。寛文二年（一六六二）二月に初めて将軍に謁見している。寛文六年（一六六六）八月、家督を継ぎ、父の遺領を受け継いだが、この長勝の家督相続に際して、家臣内で対立が起こっていた。先に述べたように、小笠原長次はその遺言で、嫡男であった長知を廃嫡し、二男の長勝に家督を譲ると残していた。これは、長知が女色酒宴にふけり君主の器ではないという家臣の判断でもあった。しかしこのような道楽息子にもその恩恵をこうむる側近の家臣があったので、長次の死の直前に、家臣団が長知派と長勝派に分裂してしまったのである。

長知派であった納戸役《なんどやく》古川小右衛門と侍医中山省仙は、なんと三の君《きみ》という先君の愛妾《あいしょう》に恋慕し、この三の君と通じて長知を擁立しようと企んだ。古川・中山・三の君《きみ》の三人は長知と謀って長次を毒殺しようと計画していたという。これを知った老臣小笠原治郎兵衛は、すぐさま古川と中山を捕らえて処刑し、犬飼半左衛門は中津城を守って長知派を抑えた。治郎兵衛は江戸に行って長勝を後継にと嘆願し、幕府はそれを認めた。九月、長勝は従五位下に叙され、慣例である信濃守に任ぜられ、翌年七月に初めて中津に入国している。

寛文八年、島原藩主高力《こうりき》隆長は、財政の再建のため苛政を敷いたことで、領民から訴えられ、二月に改易となった。幕府は城を出ない隆長に明け渡しを迫るため、その受け取り役を松浦鎮信《まつらしげのぶ》と小笠原長勝に命じた。長勝は大将以下四四〇〇の兵を率いて出発し、四月、難儀するであろうという人々の予想に反し、平穏に城の受け取りを収めた。幕府はこの功を賞し高田領二万八千石を長勝に預けた（翌年六月、島原藩主となった松平忠房に飛地として与えられている）。

幕府の覚えめでたく、藩主として順風な船出を果たした長勝であったが、元来病弱であったといい、延宝元年（一六七三）、ついにうつ病を発症してしまった。悪政の始まりである。長勝は島原での大任に緊張したためか、反動でふさぎ込む日が多くなった。家臣たちは静養をすすめ、山国川沿いの幸子《こうじ》村に別荘を構えた。この別荘が大変豪華なものであったといい、四八室もある三層の楼閣を築き、内部には金銀珠玉をちりばめて飾り立て、名画・珍器・奇木を集めた。そして自らも豪遊を望むようになり、京や大坂から有名な舞妓数十人を呼んで、毎日、歌舞宴遊にふけっていた。八間四方の大浴場を造ったり、寝殿《しんでん》に川の水を引き入れ、川瀬の水車と称したりと、別荘の過剰な造営はとどまるところをしらなかった。

岩波源三郎の酷法

長勝の豪遊はみるみる藩の財政を圧迫していった。一日に三〇〇〇貫もの費用がかかっていたというから驚く。ついには参勤交代の費用も捻出できなくなり、家臣らは幕府への露見を恐れた。ここで白羽の矢が立ったのが、岩波源三郎という藩士である。

岩波は下級武士の出であったが、算用の才覚があり、財政改革に登用されたのであった。岩波はまず、家臣に村々を領地として与えてそこからの年貢を給与する地方知行を廃止し、扶持米《ふちまい》を支給する仕組みに変えた。これにより、家臣の領地であった村々の年貢も収公することができた。港には税関を置き、出入りする品々に関税をかけて徴収した。炭・紙・木綿・茶・漆・果樹などの藩内で産出する商品にも課税し、農民が自ら食するために栽培している麦にまで税をかけた。また、関所を設けて、宇佐神宮への参拝者などの往来者から通行税を徴収し、領内における社寺の祭事を停止するなど、藩の財政を潤すように努めた。しかし、

小笠原長勝供養墓（中津市新魚町自性寺）

それは領民にとって苛烈なものであった。財政だけでなく、倹約令や刑法も改めて厳しいものにしたため、領民の他領への夜逃げが相次いだという。

岩波の悪政はついに幕府の耳に入るところとなり、延宝六年（一六七八）、岩波は幕府のけん責を受けることになった。これを逃れるため、いったんは逃亡を図ったが、江戸にて罪に問われ、失脚した。

三代藩主長胤と荒瀬井堰

中津藩小笠原家三代藩主長胤は、二代長勝の兄、つまり初代長次の長子でありながら廃嫡となった長知の子である。寛文八年（一六六八）に江戸藩邸に生まれ、幼名を大助《だいすけ》といった。延宝三年（一六七五）の夏に初めて将軍に謁見し、天和三年（一六八三）正月、長勝の死を受けて家督を継ぎ、従五位下修理大夫《しゅりだゆう》に叙任され、中津藩八万石を受け継いだ。

貞享二年（一六八五）に初めて中津に入部し、藩政に気を配った。そこで舞い込んできたのが、新たな井堰《いぜき》の設置と新田の開発である。

今津組大庄屋であった今津作右衛門は、蠣瀬《かきぜ》組の蠣瀬庄右衛門、佐知組の佐知条右衛門と共に荒瀬井堰工事の着工を藩にかねてから陳情していた。先代からの財政難であったが、長胤はこれを聞き入れ、実施の運びとなった。工事は樋田《ひだ》村

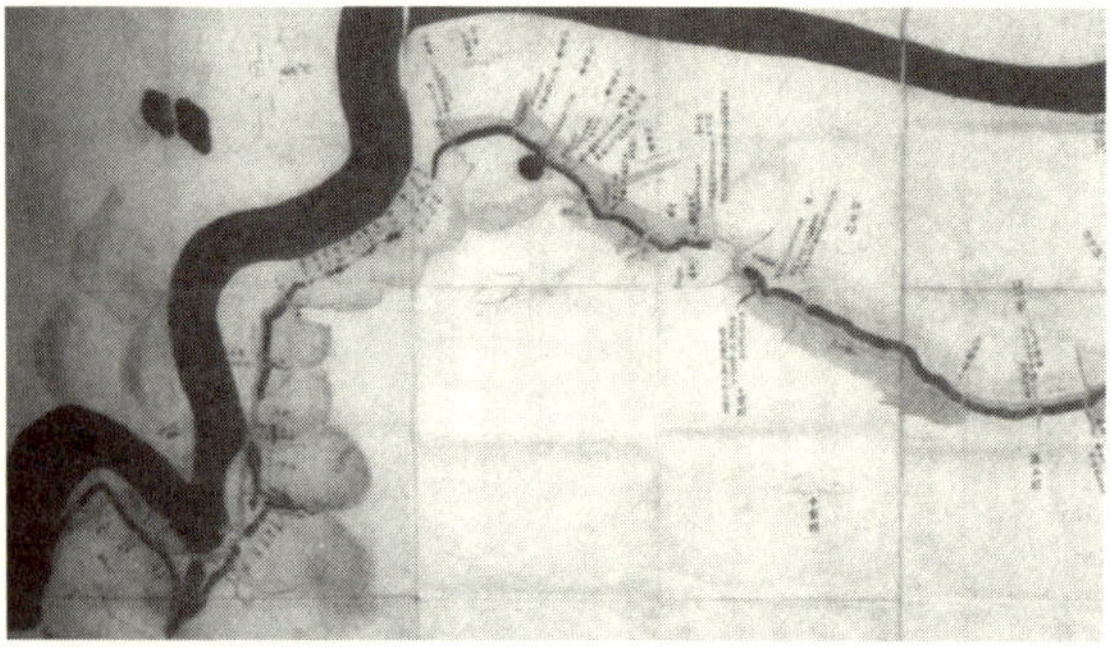

「川平間歩付近古地図」（荒瀬井堰土地改良区蔵）

荒瀬の山国川を長さ約六〇間★の堤防で堰止め、下毛台地に配水するという計画である。工事の奉行には山国の草本金山《くさもときんざん》★の鉱山奉行であった片桐九大夫が名乗りをあげ、金山掘りの技術を用いた井路《いろ》の掘削《くっさく》を若い長胤に熱心に説いた。この片桐の熱意におされ、また、藩政への意欲から、荒瀬井堰の着工を取り決めたのである。家老の竹内求馬を代官、片桐を指図役に命じ、大工頭の内海作兵衛に設計図を描かせた。内海は初代長次の時に御水道の工事を担当した人物であり、藩の信頼も厚かった。仏坂《ほとけざか》―鮎帰《あゆがえり》間と下川原―川平間の間歩《まぶ》★の開鑿《かいさく》は一番の難関で、片桐は草本金山を一時閉鎖し、その金坑夫を工事に投入した。この部分は元禄二年（一六八九）三月に竣工して通水した。

ところが、元禄二年六月、長胤はふたたび江戸城奥詰衆となり三年間の江戸参勤となる。この間、工事を代官である竹内に任せていた。長胤には以前から父ゆずりの素行の悪さがあったといい、江戸にて吉原通いにうつつをぬかし始めた。このことが原因で、元禄五年六月に免職となり中津へ戻ってからも、政治を放棄してしまったようである。荒瀬の工事はすべて代官以下任せとなって滞り、結局、八年の歳月を費やして全水路の完成に至ったのである。

長胤が失政に至った理由として、昔から耶馬溪に伝わる話がある。荒瀬井堰が完成し、領民のために大工事を成し遂げたという自負をもった長胤は、さぞかし民は自分のことを尊敬していることだろうと、お忍びで井堰のある樋田村を訪れ

▼六〇間
約一〇九メートル。

▼草本金山
現・中津市山国町草本。寛永十八年（一六四一）、小笠原長次によって採掘が始められた。享保三年（一七一八）に廃山となるも、明治以降資本の投入によって鉱山再開発が行われた。昭和十八年（一九四三）廃鉱。

▼間歩
岩を穿って通した隧道。

荒瀬井堰

民の話を聞いた。しかし民の口から出た言葉は堰によって水位が上がり川を渡れなくなったという不満であった。怒った長胤は政治を放棄し遊びにふけってしまったというものである。

長胤は父長知・叔父長勝に引けを取らない乱行ぶりをみせ、戻りつつあった国もとの財政はみるみる窮乏した。過度な年貢の徴収は百姓を苦しめることになるので、家老の犬飼半左衛門や丸山将監は長胤を何度も諫めた。しかし、聞く耳をもたない藩主は元禄七年正月、二人の禄を取り上げて追放してしまった。大貞八幡宮の神主池永数馬は、犬飼・丸山の二人を宇佐まで見送ったことで捕らえられ、丸裸にされた上で追放となった。また、七月には、小笠原彦七や島立内蔵助ら二四人の家臣もまとめて追放となり、暴君長胤の乱行はとどまることをしらなかった。

長胤の近臣小島与右衛門が家老となり、主君に近い者が藩政を司るようになった。財政の立て直しを図るも、禄の半減やさまざまなものに苛税をかけるなど、先代の岩波源三郎の酷政に輪をかけた悪政をとり、飢えた領民が中津城下へ流れ込み、一日に一〇〇人もの人が餓死するなど、収拾がつかないほどの状態となってしまったのである。

長胤の失政は当然幕府の知るところとなり、元禄十一年七月、荒瀬井堰開鑿という華々しい功績がありながら、領土没収の厳命が下る。長胤は小倉の小笠原家

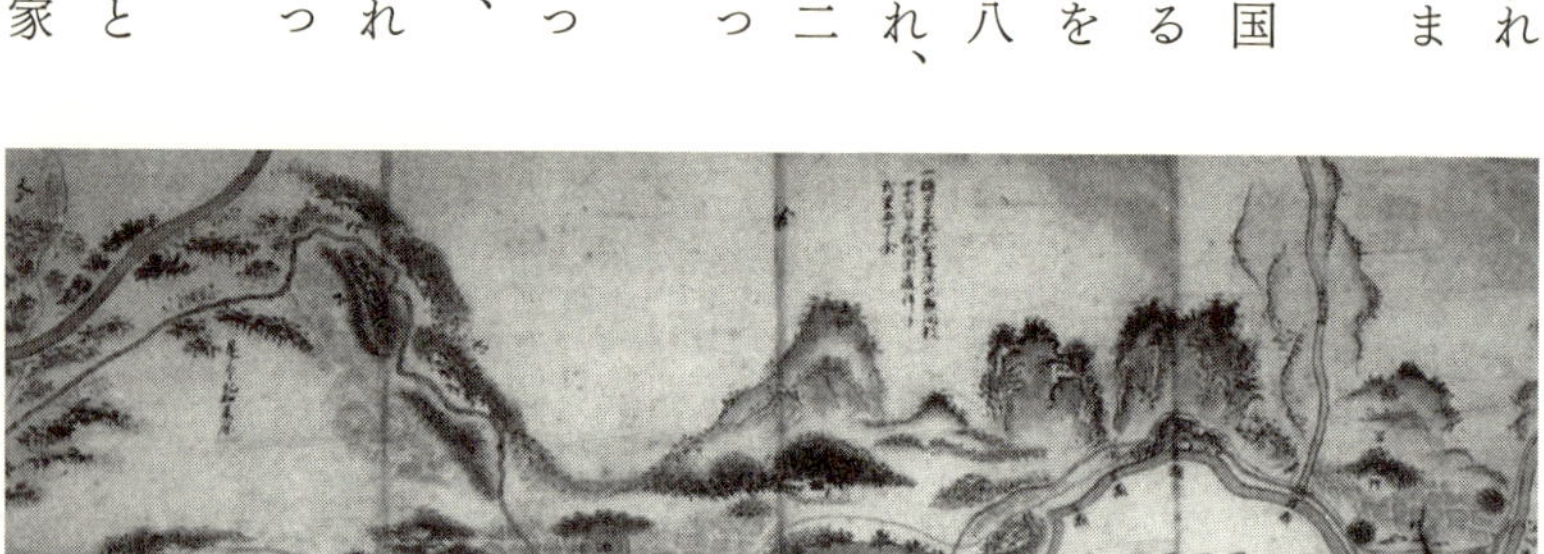

「荒瀬井手之図」（東京都武蔵野市大法寺蔵）

に預けられ、そのまま宝永六年（一七〇九）三月に没した。

領地半減、改易、そして城を明け渡す

　小笠原長胤が所領を没収された翌日、幕府は長胤の同母弟である長円《ながのぶ》を上毛・下毛・宇佐三郡のうち四万石に封じて中津城主とした。そして長円の弟長宥《ながます》に時枝五千石を分領し、旗本として独立させている。没収された所領は、すべて幕府領である天領に組み込まれ、日田代官の預かるところとなった。

　天領となったのは、下毛郡では草本・小屋川・吉野・平小野・守実《もりざね》・藤ノ木・宇曾・中摩・宮園・樋山・島・大窪・金吉《かなよし》・戸原《とばる》・跡田・折元・落合・西谷《にしたに》・東谷《ひがしたに》・山移・柿山の二一カ村、宇佐郡では院内の一四カ村と川筋の三〇カ村の合わせて四四カ村である。時枝は旗本小笠原領となったが、長宥が領地に入ることは一度もなく、陣屋に目代《もくだい》★を派遣して治めさせた。

　さて、領地半減となった中津藩小笠原家は当然立て直しを図らねばならなかった。長円は国に下る前に、長胤によって追われた小笠原彦七ら旧臣を元の地位に戻し、逆に長胤の近臣であった者たちを追放した。家臣たちは領地半減の現実をみて、大規模なリストラを実施する。これにより足軽を含めて一〇〇〇人余りの藩士が去り、その多くは宇佐・下毛の地で帰農した。

▼目代
領主のかわりに現地に派遣された代官。

中津に入った長円は、自ら先導して藩政の改革を行うかと思いきや、やはり江戸育ちの箱入り息子である。たちまちうつ病を発症し、東浜という場所に建てた別邸にて、養生という名のご乱行が始まった。それは先代・先々代の倍にもなろうかという派手な有り様で、みるみるうちに藩庫は空になり、多額の借金をかかえることとなる。加えて飛田《とびた》勘兵衛や上原十右衛門ら奸臣《かんしん》が権政を握って苛税を課し、領民は飢えていった。老臣らは長円に訴えて奸臣数十人を追放、飛田は獄に下し、改革を図ったが、その効果はほとんどなく、藩は疲弊していった。

宝永末年（一七一二）には江戸や大坂での藩債が巨額になったため、津民《つたみ》の正木山や今津の如水原《じょすいばる》などから材木数万本を伐り出し、商人に売って返済にあてた。それでも足りなかったため領内の神社の森を伐採し始めたところ、その人夫らがたちまち奇病にかかり死んでいった。役人らはこれを神罰であるとして作業を中止したという。

この頃、長円は檜原山《ひばるさん》にて狩りをして帰城したが、その疲労からか、狂ったように震えだし、発熱し、うわごとを言ったという。うわごとでは入部以来、刑に処した者たちのことを言ったので、藩士たちは寺社に怨霊《おんりょう》を鎮める祈禱をさせている。長円の憑依《ひょうい》騒ぎはこの時に始まったものではない。それ以前にも黒田官兵衛によって討伐された宇都宮鎮房《しげふさ》や、その娘千代姫の怨霊が足の生えた蛇の姿で現れ、これを見た長円が取り憑かれ鎮まらなかったため、城内に城井神社を

城井神社（中津城跡内）

建立し、その霊を鎮めている。精神的に弱かったのであろう。以後も、小笠原氏の祖長清★が罪人として殺した権中納言有雅★や僧東竹、戦国時代の当主小笠原貞慶の臣で無実の罪により処刑された水竹五郎左衛門など、多くの怨霊に長円は取り憑かれ悩まされたという。正徳三年（一七一三）九月に江戸より中津に帰城したが、病状は悪化し、十月に三十八歳で没した。墓は天仲寺に造営され葬られた。

長円の跡は長子であるわずか四歳の長邕《ながさと》が継いだ。この時は老臣である小笠原治郎兵衛と島立内蔵助が対立し、長邕を擁立する治郎兵衛に対し、島立は長円の甥の大膳を推した。結局、小倉藩小笠原家の後ろ盾もあり、長邕が跡を継いだが、このことをきっかけに小笠原家は内紛状態となる。幼君長邕は享保元年（一七一六）九月、わずか七歳でこの世を去り、小笠原家は跡継ぎなしによって領地没収となった。しかし小笠原の名跡は長邕の弟喜三郎が播磨国安志《あんじ》に一万石を与えられ存続となっている。

享保二年正月、中津城の受け取りは豊後岡藩主中川久忠に決定が下った。中川は兵六〇〇〇を率いて中津に入り、長久寺に本陣を置いた。中津城代犬飼半左衛門は、中川に無礼のある時は城を引き渡さず一戦交えようぞと、八〇〇人の残兵で城門を固めていた。中川は武家故実★にのっとり大手門にて射礼《じゃらい》★の儀を執り行い、その見事な作法を前に、疑ったことを恥じた犬飼らは、城門を開き中川の兵を招

▼長清
平安末～鎌倉前期の武士源頼朝に参じて鎌倉御家人となる。

▼権中納言有雅
源有雅。承久の乱で後鳥羽上皇につき、小笠原長清によって処刑された。

小笠原長円墓（福岡県築上郡吉富町天仲寺山）

▼武家故実
弓馬や軍陣など、武家に伝わった儀礼や作法。

▼射礼
古くは宮中で正月十七日に行われていた弓競技。始まりの儀式として執り行われた。

き入れた。犬飼は地図や武器、郷村の帳簿などを中川久忠に呈し、城の引き渡しは滞りなく完了した。

幕府上使の小田切直広と徳川兵部は江戸への帰途につき、中川久忠は中川求馬を城番として残し、自らは豊後に帰った。郷村の統治は代官である辻弥五右衛門と勘定役平岡彦兵衛が務めた。

辻弥五右衛門は役人として郷村を預かったが、その政治は腐敗したものであった。村の境界争いが起これば賄賂によってその裁断を変え、城下に遊女を招き寄せ、日夜遊びにふけり、金は罰金や苛税によってまかなった。苛税の徴収はとどまらず、見舞い代、暇乞いなど、あらゆる名目で税をかけていき、領民は小笠原時代以上の悪政を怨んだという。

享保二年五月、奥平家入国の報が中津に届き、先遣の役人が中津に着いた時、辻代官に向けられた悪評に驚いたという。辻弥五右衛門は自らの悪政を恥じ、奥平家に引き継ぎもせず自害した。領民は新たな領主の入国を喜び、今度こそ善政をと期待を膨らませたことであろう。それほど約半世紀にわたる悪政の時代が領民にとって長いものであったのである。

これも中津

現在に伝わる中津藩②
小笠原家ゆかりの地

天仲寺山

天仲寺山には小笠原家の墓所があり、初代長次、長次の子長知、四代藩主長円《ながのぶ》の墓が現在も残され、地元の人々によって大切に祀られている。長次の墓塔はひときわ大きく立派な五輪塔で、初代藩主にふさわしい墓塔である。長次の廟前には一〇一基の供養燈籠が奉納されていたが、小笠原家改易後、天仲寺の衰退にともなって売却された。現在、文献史料を基に燈籠が復元されており、また、有志によって戻された燈籠も置かれている。

御水道跡

小笠原長次によって整備された城下町の上水道である「御水道」が、発掘調査によって出土している。藍原村三口の井堰から取水し、城下まで通して、分岐点に桶や木製・石製の枡を埋め、それらを石樋で繋ぐ構造は、高度な技術であり、当時の城下町の発展が手に取るようにわかる。現在、その一部を中津市歴史民俗資料館で見ることができる。

荒瀬井堰

小笠原長胤によって築造された荒瀬井堰は樋田（現・中津市本耶馬渓町）にあり、現在でも三光以北の市内一帯を潤す重要な灌漑用水として使われている。工事には山国の草本金山の坑夫があたったといい、通水のために穿たれた一〇〇〇メートルの長さに及ぶ川平間歩は一二の隧道に分かれ、その一部が県指定史跡となっている。

荒瀬井堰川平間歩

これも中津

耶馬溪ってどこ?

「耶馬溪（やばけい）六十六景」という、この名勝地の見るべき景色の多さを表す言葉がある。

頼山陽の漢詩に詠まれ全国に知られるようになった江戸時代後期の文政年間、「耶馬溪」と言えば青の洞門を含む競秀峰と羅漢寺周辺の景観を指していた。現在の中津市本耶馬渓町樋田から曽木、跡田あたりのことである。

ところが、観光地として有名になるに連れて、同じ山国川上流の猿飛の景が「奥耶馬溪」、支流の山移川溪谷が「深（しん）耶馬溪」、玖珠町との境付近の「裏耶馬溪」、宇佐市に隣接する温見川源流の溪谷「椎谷（しいや）耶馬溪」、津民川溪谷が「津民耶馬溪」と、日田市、宇佐市、玖珠町、九重町にまたがる範囲に及ぶ「六十六景」にまで拡大し、大正十二年（一九二三）、国の名勝に、昭和二十五年（一九五〇）には耶馬日田英彦山国定公園に指定された。

この地の賑わいにあやかろうと、溪谷美を売り物にしていた全国の観光地が「耶馬溪」を拝借したり謳い文句に利用するようになった。日高耶馬溪、陸奥の耶馬溪、摂津の耶馬溪などなどである。同じ九州でも、筑紫耶馬溪（福岡県）や、国東半島の田染、文殊、黒土、岩戸寺など多くの溪谷が「耶馬」を名乗っている。台湾にも日本統治時代の名残で、平溪、六亀など、この名を持つ景勝地がいくつかある。

「耶馬溪」の名は、「山国川の溪谷」が変じたとも言われているが、「地を切り裂く」の意の「裂（やぶ）く」が語源だとする説もある。

中津市街から直線で約二〇キロ・メートル、車で四十分ほどで、百万年前からの火山活動と河川や風の浸食が刻んだ奇岩など、自然の幽玄に触れることができ、八連のアーチ石橋の耶馬溪橋や羅漢寺など、見どころも多い。

耶馬溪ダムを利用した水上スキーやウェイクボードで有名な耶馬溪アクアパーク、整備された自転車やウォーキングのコースなど、レジャー施設も充実している。

青の洞門（写真提供：中津市観光課）

耶馬溪橋（写真提供：中津市観光課）

耶馬溪ダム（写真提供：中津市観光課）

第三章　奥平氏の入封と治世

譜代大名奥平家による百五十年の領国経営。

1 譜代の名門・奥平家

三河武士奥平家は今川・徳川と主君を替えて戦国時代を生きぬいた。
関ケ原の戦いの後、譜代大名となった奥平家は、宇都宮藩・宮津藩と転封を繰り返す。
中津藩祖となる昌成は二歳で跡を継ぎ、宮津に入ったが、藩政は後見人が司った。

三河の戦国武将

享保二年（一七一七）十月、奥平昌成《まさしげ》は江戸より旧領である宮津を過ぎて中津に入った。この年の二月に幕府より中津移封の命が下ると、老臣奥平定賢、生田勝峰、夏目治部らを派遣してその政務を調査させた。幕府の上使筧新太郎、川勝刑部から検閲を受けて、六月になりようやく中津城を中川家の城代から受け取った。そして九月に昌成が江戸を発ち中津城に入城したのである。

奥平氏は具平《ともひら》親王を出自とする村上源氏の流れで、その子孫は代々上州奥平郷を名字の地とした。

南北朝時代の棟梁貞俊の時（一三七五〜一三八一）、三河国作手城を領した。貞俊の子貞久は監物、のちに出羽守を名乗り、今川氏親に与力して戦功をあげている。貞久の嫡男貞昌やその子貞勝も監物を名乗り、代々今川氏に属していた。
永禄三年（一五六〇）、今川義元が桶狭間で織田信長に敗れると、当時の当主であった貞勝・貞能父子は徳川氏（当時は松平氏）に降った。徳川家康は、奥平家を厚く迎えた。

今川氏の領国をねらっていた武田信玄は三河・遠江への侵攻を開始した。三方ヶ原の戦いで敗北を味わった徳川家康は三河の守りを固めている。

家康は遠江に近い三河国内の要所長篠城を攻め取ると、貞能の子奥平信昌を城主に据えた。この時、武田勝頼の侵攻に備えて、城の大規模な改修がなされている。

天正三年（一五七五）、武田勝頼は遠江を経てふたたび三河に侵攻を始めた。武田の精鋭一万五〇〇〇の兵を率いた勝頼は長篠城を取り囲み、長篠城は孤立した。城を守る信昌の兵はわずか五〇〇であり、家康に援軍を要請した。この時、使者として遣わされ、捕縛されるも自らの命と引き換えに援軍の到来を伝え、城内の士気を鼓舞させた鳥居強右衛門の逸話は有名である。

援軍に駆けつけた家康・信長の連合軍は、設楽原に陣を張り、馬防ぎの柵と三〇〇〇挺の鉄砲で、武田の騎馬隊を撃退。世に言う長篠の戦いは家康・信長連合軍の大勝に終わった。この勝利には長篠城を死守した奥平家の功績が大きく、信昌は信長から信の一字を拝領し（それまでは貞昌と名乗っていた）、家康の長女

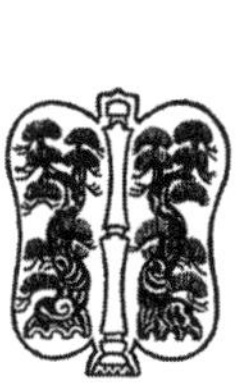
鏡軍配団扇（七階の松）

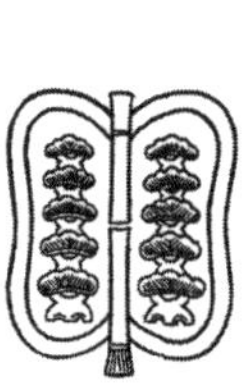
輪軍配団扇（五階の松）

軍配団扇（松竹）

並沢瀉

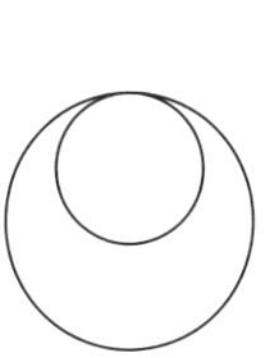
半月

奥平氏には軍配団扇、五三桐、沢瀉（おもだか）、半月、九曜などの家紋がある。奥平嫡流は七階の松を左右対称に配置した鏡軍配を使用した。五階の松の輪軍配は二男以下の庶流・親族が用いた。家臣に衣服を賜る場合、その紋があるものはすべて笹にして松は許さなかった。

亀姫を娶っている。これにより奥平家は徳川譜代の大名となったのである。奥平家ではこの長篠の戦いを開運戦と呼び、語り継いだという。

中津に至るまで

徳川家の外戚となった奥平信昌は、長篠城から豊川という川をやや下った河岸に新城の築城を命じられ、天正四年（一五七六）に完成させている。天正十八年七月、小田原征伐後の国替えにより、家康は関東に移封となった。百五十万石から二百五十万石への大幅な加増であるといえど、それは三河という家康が領地を広げ死守してきた旧領を失うことを意味した。しかし、その直前に小牧・長久手の戦いにおいて、秀吉に政略的に敗れ臣下の礼をとっていた家康はこれを受けざるを得ず、家臣を引き連れ関東に移った。

関東に入った家康は、江戸をその居城と定め、領国の統治を始めた。関東五カ国を家臣に分け、支城に配置し、直轄地は有能な代官を送り統治させた。奥平家は上野国小幡に三万石を与えられ、宮崎城を居城とした。

慶長六年（一六〇一）三月、信昌は関ヶ原における一連の戦功によって美濃国加納十万石を賜り入封。嫡男家昌は、父とは別に下野国宇都宮十万石を拝領し、奥平家宇都宮藩が成立した。加納藩奥平家は信昌の跡を三男忠政が継いだが、病

奥平信昌室の亀姫（自性寺蔵）

奥平信昌（自性寺蔵）

弱であったため、父に先立ち逝去。元和元年（一六一五）に信昌も死去し断絶した。宇都宮藩奥平家は家昌のあと嫡男忠昌が継ぎ、一時、下総国古河《こが》十一万石に移封となったが、かわりに宇都宮藩に入った本多正純が宇都宮城釣天井事件によって改易となり、忠昌が宇都宮に戻った（石高は十一万石）。その後、昌能《まさよし》・昌章《まさあきら》と続く。忠昌の嫡男昌能は、寛文八年（一六六八）、父の死を受け家督を継ぎ、宇都宮藩主となった。この頃、奥平家は、藩祖信昌の功績が徳川家の中で語り草となっていて、将軍家御連枝《ごれんし》という地位をもって譜代の重鎮となっていた。そのような折、前藩主忠昌の死去にともなう殉死事件が発生する。忠昌の寵臣であった杉浦右衛門兵衛が先に発令された殉死禁止令に反して、跡を追って切腹をしたのである。この時、殉死を促したのは昌能であったともいわれる。これにより幕府は処罰として、二万石減封して出羽山形藩九万石に転封としたのである。幕府の禁令違反で改易も当然である中で、転封で済んだのは、やはり御連枝である家柄を考慮したためであろう。

貞享二年（一六八五）、奥平家はふたたび宇都宮に移封となる。この時の藩主は昌能の妹の子で、三女菊姫の婿となった昌章であった。昌章は奥州街道と日光街道が通る宇都宮で病に倒れる旅人の対策のため、医師二十数人を街道に常駐させたという。昌章は元禄八年（一六九五）、二十八歳の若さでこの世を去り、わずか二歳の二男熊太郎が家督を継いだ。この熊太郎が、のちに奥平家中津藩の初代と

奥平忠昌（自性寺蔵）

奥平昌章（自性寺蔵）

なる昌成《まさしげ》その人である。

奥平昌成は、元禄七年十一月十一日、宇都宮藩主奥平昌章の二男として生を受けた。幼名を熊太郎という。母は昌能の娘菊姫で、はじめ昌春と名乗る。昌章の嫡男は次郎吉といったが、早世したため、昌成が世継ぎとなった。元禄八年に父昌章がこの世を去ったため、昌成が家督を継いだ。元禄八年六月五日、亡き父昌章の末期《まつご》の願いの通り、幕府より家督を認められ、宇都宮九万石を安堵される。この時わずか二歳。後見役として加藤兵助、小笠原彦太郎、伊東九郎左衛門、小野甚五郎の四人が任命され藩政を司った。

元禄十年二月十一日、丹後国宮津九万石へ転封となる。阿部正邦との交換転封で、宮津を領していた阿部氏は宇都宮に入り、宇都宮を領していた奥平氏が宮津に入部となった。昌成は五月に宮津城を受領し、宇都宮城を幕府上使に明け渡した。宮津は丹後国の中央に位置し、北は日本海に面している。中世宮津荘の故地であり等持院の荘園であった。戦国期から江戸初期にかけては細川氏、京極氏、阿部氏と城主が移り変わっている。

宝永四年（一七〇七）十二月二十八日、十四歳で従五位下大膳大夫に叙任。翌年十一月二十九日に元服した。正徳二年（一七一二）に初めて江戸を発ち宮津領内を巡検している。

奥平昌成（自性寺蔵）

②奥平家十万石の治政

中津に入った奥平昌成は、前藩主小笠原氏の失政を立て直すべく藩政改革に乗り出す。藩士の家格を定め、町方・村方には治安維持、質素倹約を基本とした方針を打ち出した。江戸屋敷なども整え、明治まで続く政事の方向性も定めていった。

中津藩奥平家

奥平昌成《まさしげ》は享保二年（一七一七）二月、父祖の功により中津藩十万石に加増転封となった。昌成が拝領した所領について、徳川吉宗が発給した判物《はんもつ》がのこる。

豊前国上毛郡の内十九ヶ村、下毛郡の内六十一ヶ村、宇佐郡の内八十四ヶ村、筑前国怡土郡の内二十九ヶ村、備後国甲怒郡の内十二ヶ村、神石郡の内二十二ヶ村、安那郡の内二ヶ村、高拾万石、目録別紙に在り、事宛行い訖、代々の例に依り領知の状、件の如し

享保二年九月十一日　御　判

奥平大膳大夫とのへ

この判物には目録が添えられていて、それによれば、十万石のうち豊前領（上

毛・下毛・宇佐の三郡）は一六四カ村で六万二百七石、筑前領（怡土《いと》郡《ぐん》）二九カ村で一万七千九百八石、備後領（甲怒《こうの》・安那《やすな》・神石《じんせき》の三郡）三六カ村で二万十五石とあり、十万石の格式に対して、小笠原の旧領である中津四万石の不足分に筑前・備後の幕府領などがあてられたのである。

藩士の家格は第一級である大身《たいしん》・大身並《たいしんなみ》・寄合、第二級である供番《ともばん》・家中《かちゅう》・小姓を上士とし、第三級のうち、儒者と医師も上士に準ずるとしていた。第三級の祐筆、第四級の中小姓《ちゅうごしょう》・供小姓・小役人《こやくにん》は下士《かし》と定めた。第五級とされた組《くみ》外《がい》・組・帯刀のいわゆる足軽や仲間《ちゅうげん》の侍は卒身分とされ、門閥制の末端に位置づけられた。

のちに福澤諭吉は中津の門閥制について「封建制度でちゃんと物を箱の中に詰めたように秩序を立て居て、何百年経ても一寸とも動かぬ有様」と、家格と門閥に厳しい所であったことを記している。

藩士間の婚姻についても家格によって秩序が定められていた。例えば、第二級の中でも供番と大身の婚姻は認められ、家中・小姓と大身の婚姻は認められなかった。職についても下士の者は藩の上職に就けず、礼儀作法にも差があった。往来にて足軽が上士に出会えば、雨の中でも、下駄を脱いで路傍に平伏しなければならなかったという。

住居についてもその広さが定められている。大身は二四〇坪、給人★は一五〇坪、

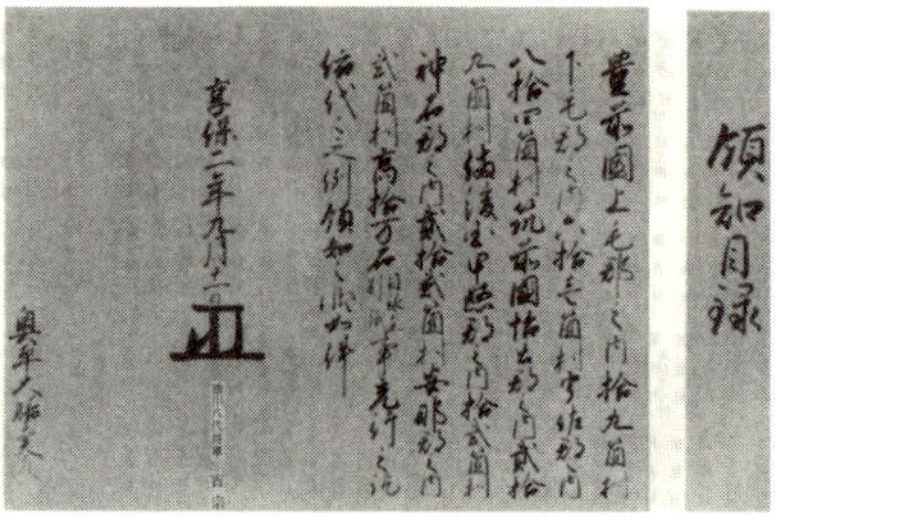

徳川吉宗発給の領知目録（奥平神社蔵）

▼給人
本来、知行地を与えられる武士に与えた格付け。中津藩では上士にあたる。

供小姓は一〇五坪、小役人は九〇坪、組外は七五坪、組は六〇坪、仲間は四五坪といった具合である。

言語や文字についても上下の区別があったという。例えば、「見てくれよ」という言葉。上士は「見ちくれい」、下士は「見ちくりぃ」、商人は「見てくれい」、農民は「見ちゅくりぃ」と、若干方言の発音が異なる。「いかがしようか」という言葉は、上士は「どうしょうか」、下士は「どうしゅうか」、商人・農民は「どげしゅか」というように変化している。

昌成の掟は町方二三カ条と村方二七カ条

奥平家が入部してすぐ、享保二年（一七一七）十一月、奥平藩政の基本方針ともいえる町方二三カ条と村方二七カ条の掟が発布された。その内容は治安維持、質素倹約を基軸にしており、町方・村方双方に共通する条文が多い。

町方二三カ条を見ると、五人組→町年寄・組頭→町奉行というように上申下達という仕組みが徹底されていたことがわかる。掟によれば、町民を五人で一つのグループにした五人組にくくり、相互の補助と監視を原則にした。例えば、キリシタンや博奕などの禁止事項をあげ、それに背く者があれば、五人組が報告するように定めているし、往還を常に注意して監視し、不審な者があれば町奉行へ報告せよとしている。他領への無届けによる出入りは禁止され、これも町年寄や五人組に相談し、町奉行の指示をあおぐようにと決められていた。また、日田御蔵の防火や高瀬川（山国川）の洪水に対する水防ぎ、用水を汚さないようになど城下町としての特徴も表れている。

次に同月、村方に出された二七条に及ぶ掟であるが、これは各村の庄屋に出されたようで、条目として村民に言い聞かせたという。大方、町方の条目と同じ内容である。上申下達の仕組みは、五人与《ごにんぐみ》→庄屋・年寄→代官となっていた。藩がもっとも注意を促していたことは町場と同じ火事についてであった。昼夜ともに油断せず、風が強い日には役人が村中を見回り、火元に注意するように申し付けている。もし火災が起こった場合は、隣郷《りんごう》の者は馳せ集まって精の限りにこれを消すように努めさせ、火消しに来ない者については問いただして処罰せよと厳しい規定を設けた。城下で火災が起これば、庄屋・年寄は百姓を連れてきて役人の指示を受けて消火に努めるようにとも定めている。

村方で特徴的な掟は、祭礼・仏事などの倹約、無断での竹木の伐採禁止、幼少にて親に先立たれた場合は、成人するまで田畠は庄屋などに預け置いておき成人した時に返してもらうことなどがある。また、最後に「惣じて何事によらず徒党がましき儀一切仕るまじき事」とあり、徒党を組んで一揆や逃散《ちょうさん》を行うことを固く禁止していた。小笠原時代の圧政によって、一揆・逃散がしばしば起こって

郵 便 は が き

お手数ですが切手をお貼り下さい。

102-0072

東京都千代田区飯田橋3-2-

㈱ 現 代 書 館

「読者通信」係行

ご購入ありがとうございました。今後の刊行計画の参考とさせていただきますので、ご記入のうえご投函ください。なお、ご記入いただいたデータは、小社での出版及びご案内の発送資料以外には絶対、使用致しません。

お名前《ふりがな》	年齢 女　男
ご住所　都道府県　市区郡町 〒　TEL　FAX	
ご職業（または学校・学年をくわしくお書き下さい）	E-mail.
ご購読の新聞・雑誌	

□ご注文申込書（小社刊行物のご注文にご利用ください。その際、書店名を必ずご記入ください。）

書名　冊	書名　冊
書名　冊	書名　冊

ご指定書店名	住所　都道府県　市区郡町

■図書目録ご希望の方は御記入下さい。	■新刊DMのご希望　□ある　□ない ■このカードを送ったこと　□ある　□ない

書名	

●本書のご感想をお書きください。

●以下のアンケートへのご記入をお願いします。

① 本書をお買い求めになった書店名（　　　　　　　　　　　　）

② 本書を何でお知りになりましたか

1．新聞·雑誌広告（　　　　　　　）2．書評（　　　　　　　）

3．人に勧められて　4．小社のDM　5．実物を書店で見て

6．その他（　　　　　　　）7．小社HP

③ 本書をお買い求めになった動機

1．テーマに興味　2．著者に興味　3．資料として　4．広告を見て

5．書評·記事を読んで　6．タイトルに興味　7．帯のコピーに興味

8．その他（　　　　　　　）

④ 本書の定価はどうですか

1．高すぎる　2．高い　3．適切　4．安い　5．気にとめなかった

⑤ 本書の装幀はどうですか

1．とても良い　2．良い　3．普通　4．悪い　5．気にとめなかった

⑥ 本書のタイトルはどうですか

1．とても良い　2．良い　3．普通　4．悪い　5．何ともいえない

⑦ 本書をお読みになって

1．むずかしい　2．普通　3．やさしい

4．おもしろい　5．参考になった　6．つまらない

⑧ 今後お読みになりたい企画がありましたらお聞かせ下さい。

いたと思われ、農民の徒党に対する警戒が敷かれていたようである。

藩邸ほか、政の仕組みなど

中津藩奥平家の藩政機構はどのようになっていたのであろうか。その役所や会所についてみてみよう。

まず、藩邸についてであるが、江戸には木挽町塩上橋東にあった上屋敷、鉄砲洲にあった中屋敷、本郷追分にあった下屋敷の三邸があった。京都には出水堀川に京都藩邸、大坂には堂島五丁目に大坂蔵屋敷が設置された。また、長崎役が管掌した長崎御用屋敷もあった。例えばのちに中津藩蘭学の父となる前野良沢《りょうたく》は江戸の中屋敷で育ち、杉田玄白らと共に『ターヘル・アナトミア』を翻訳したのもこの中屋敷であった。近代化の父福澤諭吉は大坂蔵屋敷で生まれているように、藩士は役人としてそれぞれの屋敷地に家を構えていた。

地方《ちほう》の代官所としては、筑前・備後の両国にそれぞれ支配所が置かれた。筑前支配所は初め神在《かみあり》に設置されたが、のちに武《たけ》代官所、深江の庄屋堤次左衛門邸、深江代官所と移っていった。最後の深江代官所は糸島の深江にあった。備後支配所は小畠《こばたけ》代官所といい、神石郡《じんせきぐん》の小畠に設置された。

藩の中枢機関は御用所《ごようしょ》と呼ばれ、家老と用人の最高合議機関である。その下に

「筑地八丁堀日本橋絵図」(部分)

小畠代官所

勘定奉行が管掌する勘定役所、元締役が管掌する元締役所、土蔵奉行が管掌する土蔵役所があり、郡方支配を司る郡奉行が置かれた島田会所、町方支配を司る町奉行が置かれた町会所、監察役を司る目付が置かれた目付役所の三役所が設置されている。三役所は郡方町方の訴訟の裁断と政令の制定を大きな仕事としていた。

そのほかに実務的な役所がある。商売を吟味し、物価の調整を図る商売吟味方役所、銀札（藩札）の発行や管理・貸し付けを行う銀札所、運上銀を徴収する運上所、唐物の荷改めや冥加銀の徴収・資金の貸し付けを行う唐物改役所など、貿易・経済を担当する役所が設けられている。また、藍の栽培普及と藍玉《あいだま》の集荷・加工・販売を行う藍玉役所、炭・薪方の調達と保管や管理をする炭薪役所《たんしんやくしょ》、塩浜の管理や運営をする塩浜役所、米の取り引きや米問屋の管理を行う米会所、木材の集荷・販売・管理を行う材木会所など、物品流通に関する役所も設けられた。

そしておもしろいのが、藩士の福利厚生にあたる、負債割賦《かっぷ》や生活保護を担当する撫育会所《ぶいくかいしょ》である。撫育会所はのちに天保義社《てんぽうぎしゃ》と改められ、明治期に創設された旧藩士のための出資銀行である中津銀行の前身となった。

『中津城下絵図』にみえる三役所

梅田伝次左衛門による「宝暦の改革」

奥平家の入部の年、享保二年（一七一七）五月に江戸の藩邸が類焼し、中津藩は早くも倹約に努めなければならない状況であった。藩主昌成自ら食事を簡素にし、倹約の規範を示したという。租税体制を整え、新田を開発するなど、藩庫を潤すために努めた。しかし、享保七年、及び享保十七年にうんかが大発生し凶作となり、大飢饉が起こった。藩では費用の節約や藩士の禄の削減など、たびたび倹約を行ったが、収拾できず、奥平家入部後も、一揆や逃散が多発した。伊藤田・赤尾の百姓一揆、城下近郊の中殿・島田、宇佐郡鳥越村の逃散などが記録されている。鳥越の逃散は数十人が島原領内に逃亡した大きなものであった。このような中で、藩政は行き詰まり、藩政改革が求められたのである。

その白羽の矢は梅田伝次左衛門という人物に立った。梅田伝次左衛門は、郡奉行に任じられていた中級武士であり、禄高は百石三人扶持であった。この伝次左衛門が中心となり、いわゆる「宝暦の改革」が行われたのである。改革には多くの法令が定められた。城下ではまず、宝暦元年(一七五一)に訴訟制度を改め、三役所を設置し、目安箱を設け、人民の声を聞いた。また、運上銀の徴収や、炭・薪・材木・藍などの問屋を定め統制し、それ以外の者の取り扱いを禁止している。

郡内には、宝暦二年にのちに大カ条と呼ばれる「郡中江申渡覚」六一カ条を、同四年には山方定法である「覚」二七カ条を発布した。この大カ条と山方定法は村ごとの庄屋が写しとり、農民を集めて毎月読み聞かせたという。大カ条には、常に雑穀を食べ、米はみだりに食べてはならないことや、不相応な服装や家を持

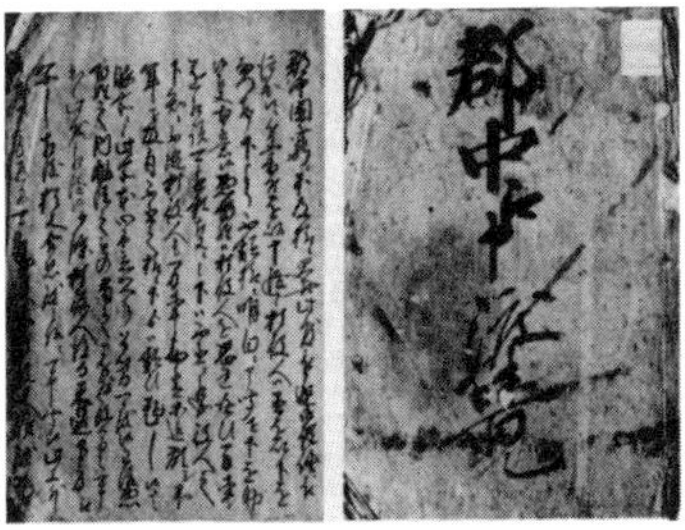
「郡中江申渡覚」(野依家蔵)

たないこと、相撲や芝居などの見世物遊芸に興じないことなど、農民の生活に関連した禁令が初めに記された。

条令の柱は郡中の困窮の立ち直りを目的としており、年貢を未進《みしん》し破産してしまう百姓にはほかの者が援助し、田畠を荒らさないようにせよなど、相互援助の村の形を推奨している。そのためには一定期間の年貢を免除したり食糧や農具を与えるなどの藩の補助も規定している。百姓が土地を離れて遊民となることを食い止め、耕地の安定化を図ることが改革の目的であった。

また、村の役人である庄屋に対しては、農村支配の一部を委任する村請《むらうけ》制度を採り入れるも、庄屋の村人に対する不当な使役《しえき》を禁じたり、村政における違法行為や贔屓を禁止した。そのかわり、特権として嫁入り道具や脇差の拵えなどを一般の農民と区別させた。

宝暦の改革では藩札の発行も財政の克服を目的として行われ、商人である播磨屋才兵衛・同惣右衛門・亀屋清右衛門を「金銀屋御預」に任命し、藩札発行の世話方をさせた。その元締《もとじめ》に銀札所を設置し、係の役人に元締方小幡久右衛門ほか五名をあてている。梅田伝次左衛門の改革は、この行財政改革・商業改革・農業改革の三つの柱を基礎に行われたのである。

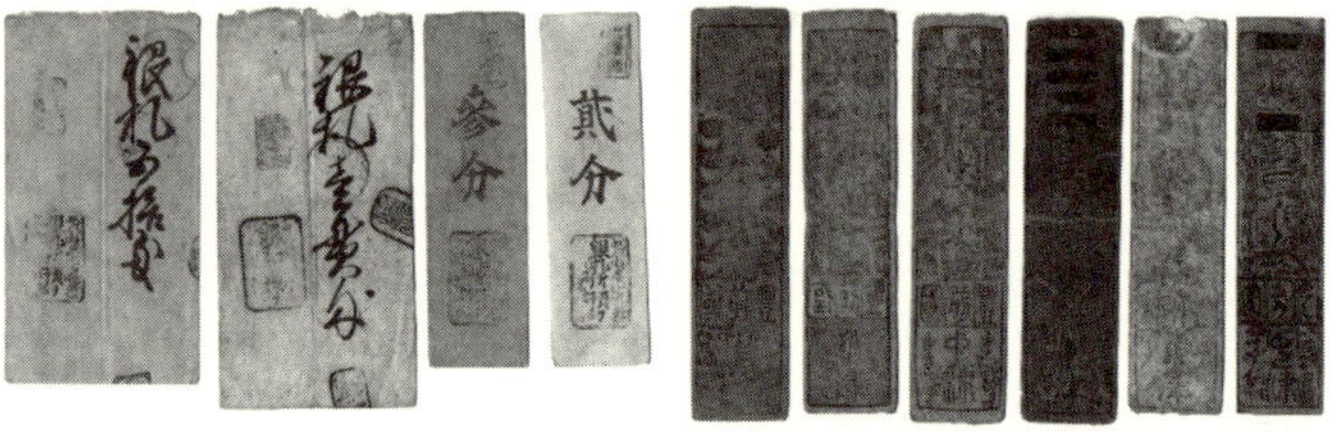

中津藩の藩札

③

城下の発展

藩は商工業の振興を図り、城下町は発展して惣町と称された。
町の行政は町年寄による自治が行われ、さまざまな取り決めもされていく。
町人文化が華開き、城下を巡る祇園祭が盛大に行われた。

城下町の政策

城下町とは、大名の軍事防衛拠点であり居住空間でもある城郭の周囲に形成された町であり、藩の経済活動の場でもある。基本的には武士・商工人を農村から切り離して集住させており、武家の屋敷と町屋《まちや》などから成り立っている。藩の収入として入ってくる年貢は主に米であり、多くは大坂にて売られ、貨幣となって藩庫に入る。藩はこの貨幣を使って物品を購入し、町屋を中心に貨幣が流通、経済関係が成立するのである。領内の特産品などは他領へ出荷し、不足するものは買いつけによって物が流通した。城下町はこうした町屋の商工人によって発展していった。

中津では大豆・小豆などの豆類、ごま・菜種などの製油の原料、半夏《はんげ》・はますげなどの薬草類が出荷され、絹・薬・瀬戸物・備後表など、他領から加工製品を入荷している。このことから、中津藩は原料を生産して出荷し、製品を購入するというような流通形態であったことがわかる。

藩は商業の振興のため、酒造・質屋・醬油・油などの商売を城下でのみ許可し、城下の外側三里の内では行ってはならないと定めた。また、物価調査を行い、値段の引き下げなどに干渉した。農村への商品の持ち出しや、農村からの持ち込みは厳しく取り締まり、城下六口に口屋（番所）を設けて許可が出た商品には運上を賦課した。

城下は武家屋敷と寺町のほかはすべて町屋であり、町屋は一四町に仕切られ、新博多町・新魚町《しんうおまち》は新博多町組、古博多町《ふるはかたまち》・米町・姫路町は古博多町組、京町・諸町《もろまち》は京町組、古魚町《ふるうおまち》・船町・塩町は古魚町組、桜町・豊後町は桜町組、堀川町・角木町は堀川町組の六組に編成され、それぞれ一人の町年寄を出して交代で月番となった。町年寄は月に六度町会所に集まってすべての町、つまり惣町についての詮議を行っていた。

城下の町屋は多くが瓦葺きであったという。これは火災が多く発生するため、防火のための処置である。町年寄のもとには瓦は高価なので草葺きにしたいという要望も多く寄せられたが、城下の政策としては、草葺き屋根は貧困者にのみ許可が下り、そのほかは、草葺きはおろか板葺きも認められなかった。

城下の人口は享保六年（一七二一）段階で五一〇〇人余りであった。町屋は間口が狭く奥行きが長い長方形の敷地であり、表が二間から五・五間の幅に対して、奥行きが一五間となっており、一五間の奥行きは中津城下各町でほぼ統一されていた。このことから町づくりの際の計画性がみてとれる。

町人の世界がよみがえる「惣町大帳」

月番の町年寄は毎日の日誌を書き留めた。これを書記役が清書して一年ごとに一冊ずつまとめた町方記録が「惣町大帳」である。享保三年（一七一八）から文久二年（一八六二）に至るまでの百四十四年間、一一〇冊が現存する。「惣町大帳」には城下の様子が事細かに記録されており、その内容は藩の領域にかかわること、土地の生産や税制、藩債や藩札、米相場、物価の変動、金銀銭の相場といった経済にかかわること、そのほか町制や人口動態、新田の開発、倹約令、百姓一揆、土地の争い、宗門改め、防火にかかわることなどであり、惣町の政治・経済・文化・社会の移り変わりと藩政の展開について記録されている。

「惣町大帳」の書き出し、享保三年六月二十一日条には、「御町奉行奥山十郎左衛門様御宅へご同役山本佐右衛門様ご列座にて、小頭小松伴右衛門殿・宮村武右衛門殿お揃いに成られ、新博多町亀や惣左衛門・古博多町玉や与右衛門・京町は

「惣町大帳」（中津市立小幡記念図書館蔵）

りまや半七・塩町美野や六右衛門・豊後町播磨や吉左衛門・堀川町菊や伝左衛門、以上六人召し寄せられ仰せ付けられ候」「御当地町年寄の儀、古来より惣町および四十人に月行司を相定め相勤め来たり候ところに、多人数にて詮議相談も一決仕らず。手形・証文なども文言不同にて、その上、町々よりその人にあらざる者をも役儀と致し、家業など相立てず難儀におよび候者これ有るの由、お聞き及び、これより今度御改め、右の六人に町年寄を仰せ付けられ候。もっとも上にも御詮議の上と御老中様より仰せ付けられ候間、ずいぶん出精仕り、組合の町々支配仕るべく候。向後は月行司の名目を相止めて、今日より月番ととなえ申すべく候。月番の次第、惣左衛門より始め、御書付の順に相勤め申すべく候」とあり、惣町の支配を六組に分けてそれぞれ町年寄を任命し、月番で惣町を取り仕切る役目を負わせた。町年寄に任命されたのはいずれも町を代表する豪商の主人であった。

城下町には多くの職人が品々を生産していた。「惣町大帳」には町々の諸職人についても記載されている。職人として大工・舟大工・木挽・屋根葺き屋・桶屋・畳屋・張付師・塗師・鍛冶屋・左官・刀師・研師・鞘師などがあり、彼らは藩によって勤務時間や賃金が定められていた。

城下の法度も町年寄によって固く守られ、違反者は町年寄の名で逮捕・追放され、月番を通して奉行に報告された。例えば享保四年六月二十六日、桜町半兵衛、古魚町与次兵衛、諸町平七、諸町安右衛門の四名は龍王（闇無浜《くらなしはま》神社）の祭礼の市場において小屋をかけて法度である遊女を隠し置いたとして、町年寄によって領外へ追放されたことが報告されている。このように町年寄には警察権も与えられていたようである。

城下では宗門改めの踏絵も一大行事として執り行われた。踏絵の会場設営、役人の食事の準備も月番町年寄の采配で行われた。「惣町大帳」によれば、享保五年四月十日の踏絵が寺町円応寺で行われている。目付が座る置座《おきざ》には町会所から用意した備後表の畳が使われ、そのほかの役人には七島藺《しっとうい》の表が用意された。踏絵の役人は、目付菅沼五郎左衛門のほか、宗旨奉行二人、町奉行二人、徒士目付二人、御用書二人、宗旨手代四人、町組衆六人、踏絵の番人二人、立番六人の二六人であった。町年寄はその分の食事を用意している。当日は雨天であったため、寺の建物の中で踏絵は行われた。踏絵の順番も決まっており、神官や医師などの上踏《うえぶみ》と町人などの下踏《したぶみ》の順であった。上踏は寺の柱内《はしらうち》で、下踏は縁側で行われている。この日、踏絵をした人数は一七八三人に上っており、月番町年寄は洩れなく奉行所に報告している。

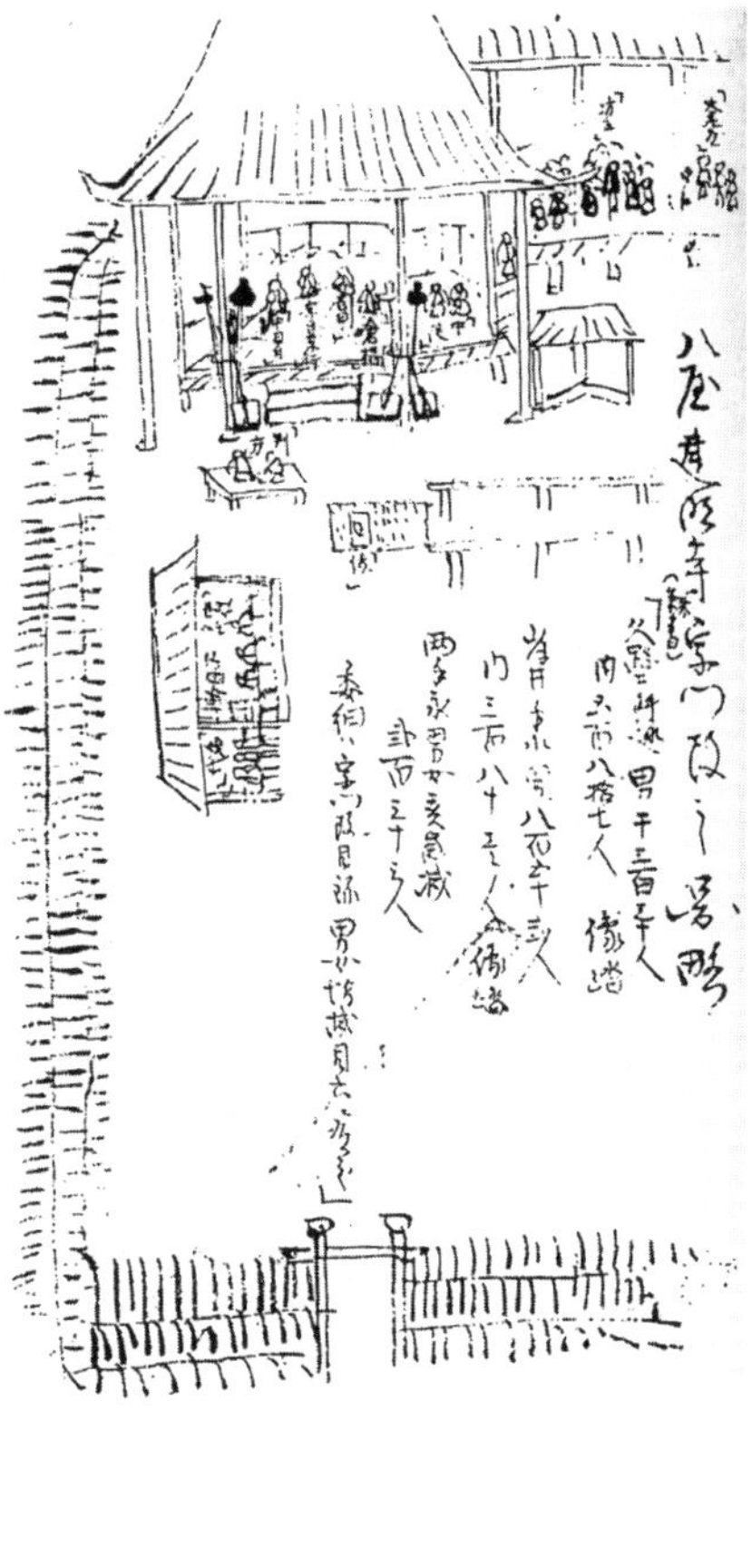
八屋・建明寺での宗門改め絵図（倉橋源兵衛「日記」より）

交通網の発達

城下町と村方や近隣の町を結ぶ街道も整備され、人々の往来や物流は盛んに行われた。中津藩内を通る街道の大きなものは東西に走る豊前道《ぶぜんどう》と南北に走る日田往還がある。豊前道は小倉街道とも呼ばれ、往古は勅使道《ちょくしどう》といわれる宇佐神宮への勅使が通る道であり、それよりも以前は国衙を結ぶ官道として奈良時代に整備されたのが始まりである。直線的な官道は主要道として使われ続けた。その道は上毛郡の垂水から山国川を渡り高瀬を通り大貞八幡宮の横を抜け四日市から宇佐へ向かうものであった。

日田往還は中津街道とも呼ばれ、山国川の河口に設けられた天領日田の蔵場に年貢などの物資を運ぶための街道である。山国川沿いに道が整備され、高瀬にて豊前道と交差し、中津城下へ伸びていた。高瀬の辻をはじめ、往来道の辻には道しるべが建てられた。また、峠などの要所には石畳が敷かれ、容易に通行ができるような整備がなされていた。このような石畳の整備にも城下の豪商が出資している。鶴市神社《つるいちじんじゃ》の横を抜ける小さな峠は、安政四年（一八五七）に京町の豪商三原屋泉助が資金を投じて石畳を敷いており、その石碑が建てられている。

城下に近い宮永には七辻十三曲がりと呼ばれる右左折を繰り返して進まなけれ

高瀬の辻の道しるべ

ばならない箇所も設けられていた。これは、もし戦になって城下に攻め入られた時にその防衛線として迷路のように道を曲げたことに由来するという。近隣の村々からの道も城下まで延びており、その先は城下の惣構えに設けられた六口に通じていた。

日田代官所の蔵場が山国川河口にあったように、中津藩も当然、舟寄《ふなより》という船場を築いて海上運輸によって物資を出入りさせていた。これらの交易品には運上、いわゆる関税を課した。領内の年貢米は蔵場に集積され、海運によって大坂の蔵屋敷に運ばれ、そこで売却されて売上金が藩庫に納められた。豊前や中津の米は大坂の市場でも評判が高かったようであり、しばしば取り引きの中心となったようである。瀬戸内海に続く豊前の穏やかな海が、中津を海上交通網の一拠点となしたといえるであろう。

また、領内を縦断する山国川も、河川交通としての利用が検討されていた。すでに元禄七年(一六九四)に書かれた貝原益軒の『豊国紀行』では、「この川、下毛郡の奥、山国より流れ出て、その源は彦山の東より来る大河なり。奥山より薪材木等船に乗せて下す」とあり、木材を運搬するための川下りがなされていたようである。この流れを利用した本格的な物資運搬のための通船計画は明和六年(一七六九)に打ち出された。京町の商人塩崎屋惣兵衛は山国川の通船計画を立てて町会所に願書を提出している。それによれば、中津町から高瀬川(山国川のこ

山国川

と）を上り、平田村を経由して天領となっていた守実《もりざね》村まで通船しようとしたという。事業に要する資金七〇貫の支出は藩に願い出るか、事業を惣兵衛が請け負って、商人たちの共同出資とするかの方法が検討された。しかしながら、それに対して藩が出した答えは、計画の却下と惣兵衛の処罰であった。惣兵衛が無許可で川の下見をし、計画を立てていたことが問題となり、特に天領と結ぶという藩をまたいだ計画であるにもかかわらず町会所だけで内談したことに、藩の支配を軽くみた計画であると判断されたためである。惣兵衛の通船計画は破綻し、その後も幾度か通船計画があがったが、いずれも資金不足にて倒れている。河川交通は実現しなかったが、小規模な運搬にはやはり河川が利用されており、山国川の流れは人々にとって欠かせないものであった。

城下の祭り

豊前の三大祭りの一つ「中津祇園」は、城下一番の祭りであり町の民にもっとも親しまれた祭りであった。この祇園祭は闇無浜《くらなしはま》の八坂神社の祭礼で、その紀源は約五百八十年前にさかのぼると伝えられる。伝えによれば、永享二年（一四三〇）、丸尾某が霊夢により闇無浜神社の社殿及び祭礼を再興し、下正路浦《しもしょうじうら》の漁民が京都から八坂神社の分霊を勧請《かんじょう》して合祀したことが始まりとされる。八坂神社の祇園祭の起源は、人々の生活を脅かす天災や疫病が牛頭天王《ごずてんのう》の霊がもたらすものと信じられ、その霊を鎮めて無病息災を願った御霊会《ごりょうえ》にある。特にそれは京都に代表されるような人口集中地帯である都市に発生する疫病から人々を守るための祭礼であった。下正路浦の漁民が牛頭天王を分霊したという伝承からは、中世の時代に集村が行われ、町に発展したという過程を推測することができる。もっとも初期の祭礼は山車《だし》（祇園車）を引くというような派手な祭りではなく、市を立てて芝居などを催すといった村の祭りであったようである。そして、近世に入り、城下町が形成されると、それが都市の祭りとして発展していく。

闇無浜の八坂神社は慶長五年（一六〇〇）に細川家によって社殿が改められ、小笠原家入部後の延宝年間には神輿や山車が出る本格的な祭りになっていった。延宝八年（一六八〇）には藩から資金が出て、惣町から山車が出るようになり、天和三年（一六八三）、小笠原長胤は京都から豪華な山車を取り寄せて、豊後町に与えて町中を引く祭りとなった。元禄から宝永年間には祇園芝居や傘鉾《かさぼこ》の寄進が行われ、下八町★の山車が揃い、ますます盛んになっていった。正徳二年（一七一二）には大江八幡と六社宮の氏子である上六町にも山車を出すように命じており、二台の山車が初めて参加した。

祇園神幸《じんこう》★のコースは闇無浜を出て下正路町を通り、角木町・船手新町・北堀川町を抜け、橋本の御旅所へ入るものであったが、正徳三年からは、城内・町内の

▼下八町
角木町・姫路町・桜町・豊後町・塩町・船町・米町・堀川町。

▼祇園神幸
祇園祭における神輿の巡行。

祈禱のため中津城内への引き入れが始まっている。神幸行列は城の北門から入り黒門を通って西門を出て、八幡義氏宮の前を通って中ノ町へ入り、新博多町・古博多町・米町・堀川町の船場へ出て橋本の御旅所に入った。藩主や家老の屋敷の前に停めて山車の上で芸も始めている。

しかし、同五年の祇園神幸では城内や町内には山車は入ることが禁止されており、元来のコースである闇無浜神社から下正路・角木・北堀川を通って御旅所に入るとなっている。理由はよくわかっていないが、藩主の参勤での不在や財政難があげられる。

享保二年（一七一七）に奥平家が入部すると、さっそく祇園祭の由来や次第を闇無浜神社神主重松源内と子の冨之進に報告させている。報告を受けた奥平昌成は、宮津では芝居等を御法度としていたが、中津城下では以前から神事としてにぎやかに行っているようであるから、これ以後も盛大に行うように仰せつけた。これにより八月二十四日には盛大な祇園祭が行われ、見立て飾りの山車が練り歩いている。

享保三年十一月十一日、武家の殿町《とのまち》より出火し城下は猛火に包まれた。諸町・新魚町・京町の半分、新博多町・枝町《えだまち》（武家町）の全部、島田村の過半数が類焼し、その数は二三四軒に上っている。この火災で上六町の山車二台のうち一台が焼失したといい、藩に一台での参加の許可を願い出ている。翌年の祇園祭は火災の後ではあったが、盛大に実施され、車踊りの演目は角木町の「頼光山入」、上六町組の「車作り物浦島太郎」、米町「志かま色満所作　附神楽おどり」、船町「模様嶋臺踊」、堀川町「竹生嶋名所物語踊」、姫路町「都童宿見踊」、塩町「風流三度かさ　附志のたのもりゑかほの女」「風流おとこ　附ふな里つはな姿」「風流入国の藤やっこ」、桜町「式三番踊　附鈴のたん」、豊後町「本つくし踊」「やうかうがく」となっている。

現在のように上祇園と下祇園に分かれたのは明和八年（一七七一）頃であると考えられている。祇園祭はもともと闇無浜の八坂神社の祭礼として下八町の祭りであったが、小笠原期に上六町にも山車を出すように命じられ、二台の山車を出していた。上六町は元来、大江八幡と六社宮の氏子圏に分かれており、大江八幡では初卯神事で神幸が行われていたが、明和八年に大江八幡に六社宮が合祀されたことによって氏子圏が合わさり、これまで闇無浜の祇園に出していた車を初卯神事の御神幸に出すようになったという。これが上祇園の始まりであろう。

祇園祭では市が開かれ、次第に北原や池永の子供歌舞伎や人形芝居も演じられるようになり、中津城下を代表する祭礼行事として盛大に行われるようになった。

下祇園

④

農村の暮らし

藩政改革を進め、城下町の商工業が発展した中津藩であったが、農村に課せられた苛税は、農民生活を逼迫させた。飢饉や災害によって困窮した民衆は、一揆という最後の手段に出る。

豊前領七公三民の苛税

中津藩は、城附の豊前領と飛地の備後領・筑前領に分かれていたが、その年貢徴収については領によってその割合は異なっていた。当時、豊前領は七公三民、備後領は五公五民、筑前領は六公四民といわれていた。豊前領に比べて他領はその割合が低かったのであるが、実際に各年の年貢を計算すると、備後領は四公六民、筑前領は三公七民となるようで、豊前領との格差は大きなものであった。

豊前領はこれだけでも苛税といえようが、これ以外にも付加税が課せられていた。村高（土地面積を石高に換算して生産力を表したもの）に土免《つちめん》四ツ六分、つまり四割六分をかけたものが本物成★といって毎年徴収される年貢高であるが、これに加えて、本物成一石に対して二斗の延米《のべまい》★、六升の口米《くちまい》★、四升七合余の夫米《ぶまい》★が付

▼本物成
土地に賦課された租税。石高が示された田畠・屋敷に課税された。

▼延米
年貢米に対する付加税。

▼口米
代官が一定の割合で徴収した付加税。

▼夫米
夫役のかわりに徴収した上納米。

加された。つまり、本物成一石には三斗七合余、約三〇パーセントの付加税が加算されていたのである。これに加えて免上《めんあが》りと呼ばれる付加税も課せられていた。免上りは加免ともいわれ、毎年付加された年貢であるという。この加免は流動的で、年ごとの豊作・凶作によって率は変わっており、飢饉の年などはほとんどが免除されているが、それでも農民への負荷は大きなものであった。享和年間（一八〇一〜一八〇四）からは寸志米《すんしまい》や御祝《ごしゅう》儀米《ぎまい》という名目のさらなる加免も課されており、のちに起こる文化一揆が掲げた要求には、これらの加免の撤廃が含まれている。

領民には本物成のほかに雑税である小物成も課せられていた。小物成にはさまざまな名目があり、例えば、山林にかかる請藪米《うけやぶまい》、藩有林の柴や草を刈ることに課せられた山札運上《やまふだうんじょう》、新開墾地に課する定見取米、空き地に茶を栽培した場合は茶米、竹藪から竹皮をとれば竹皮代、まゆから真綿を生産すれば真綿代、鍛冶屋や鋳物師などに炭を売れば炭売札運上、鉄砲を持つ猟師には鉄砲運上など、さまざまなものに対して税を課していた。

多種多様な農民への負担は、その生活を逼迫させ、加えて飢饉や災害によって村々は疲弊していった。その上、藩は財政危機に行き当たると改革を打ち出し、規律を定めて農民の生活を縛りつけるものだから、農民たちの藩に対する不平・不満は蓄積され、ついには一揆や逃散といった強訴《ごうそ》に及ぶのであった。

飢饉・災害に対策をしても……

宝暦の改革の項でも少し触れたが、奥平藩政下では多くの飢饉・災害が記録されている。城下町では火災が多く発生し、被害をもたらした。

奥平家入国直後の享保三年（一七一八）十一月十一日に殿町から出た火は、新博多町・新魚町など、城下町の南側半分を焼きつくし、二三四軒もの家を焼いた。この大火を受けて、藩は失火のための法令を定めている。法令には、①井戸がある家の門柱に「井」と書いた紙を貼ること、②扶持蔵の警備に上池永・藍原・永添三村の四〇人、物成蔵は下池永・東浜・一ッ松三村の五〇人の領民があたること、③各町に二間半の梯子を三つずつ、大うちわを二本ずつ、各戸に水籠《みずかご》を備えること、④町ごとに八人ほどの人数をあてて「火印札《ひじるしふだ》」を与え、「百人夫《ひゃくにんぷ》」という町火消を置くこと、が記された。

享保十年には火災を知らせるための「鐘板《しょうばん》」という鐘を大手門・北門・西門・小倉口・島田口・蠣瀬口・大塚口・広津口・金谷口の九門口に設けて、二里以上離れている所での火災が確認されれば二連打し、半里以内なら三連打、城下と小《こ》祝《いわい》★で確認されれば乱連打して、火災の状況を知らせた。度重なる火災に遭い、天明三年（一七八三）になってようやく消火ポンプである龍吐水《りゅうどすい》が各町に導入さ

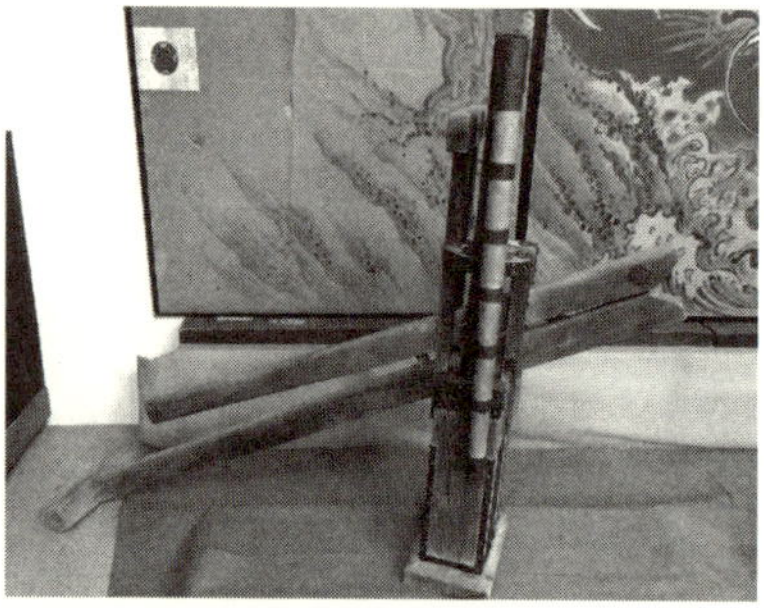
龍吐水（中津市歴史民俗資料館蔵）

▼小祝
山国川河口の三角洲にある漁村。以前は上毛郡と陸続きだったが、寛文九年（一六六九）の大洪水で山国川の河道が変わり洲となった。そのため小倉藩との間で小祝をめぐる替え地交渉が続いた。

れている。

火災のほかにも領民を苦しめた大風雨・洪水・旱魃《かんばつ》・虫害・流行り病などがたびたび起こり、その都度飢饉となった。

飢饉では、享保十七年に西日本を襲った雨害・干害・うんかの大発生によって起こった大飢饉はいまだかつて経験しないような大被害であったという。翌年に届けられた報告では、中津藩の飢人は三万八一〇人、餓死者は五三〇人に上っている。藩はこれらの飢饉や災害に対する処置として、幕府に一万両の恩貸《おんたい》★を嘆願し、国役や献上物が免除された。このほかにも多くの飢饉・災害が起こり、損毛や家屋の崩壊、死傷者が出るなどの被害が記録されている。天明の飢饉の際には町方三役所で施粥《せがゆ》が行われ、米問屋らが合力米を供出している。しかし、度重なる飢饉に民衆は困窮し、一揆や逃散が相次いで起こった。

▼恩貸
幕府が大名などに無利子で貸与した金銭。

度重なる一揆と逃散

奥平家の入部以来、領民は災害や飢饉に悩まされ、食べることができなくなった百姓たちに最後に残された道が一揆と逃散であった。一揆とは「揆を一《いっ》にする」という孟子の言葉が語源で、目的や方法などを同じくする人が結集して行動することである。中世では寺院における僧衆や小さい勢力の武士集団、村の農民による闘争といった多様な一揆が存在していた。その多くは一味神水といって、起請文を書いて神に誓約し、それを灰にして溶かした水を一同で飲み、神仏の加護によって成立するものであった。中小武士が同族や地縁的に結成した国人一揆、守護の支配に対して国人や土豪らが蜂起した国一揆、民衆が徳政を要求した徳政一揆などがあった。特に宗教が絡めば、加賀一向一揆や、島原のキリシタン一揆など、信仰を背景にした一揆となる。江戸時代になると一揆は全面的に禁止となり、農民の大規模な蜂起は島原の乱（天草の乱）を最後に終息していった。しかし、農民らは、領主の苛政に対し、武装して結束し、訴える手段とした。これを百姓一揆という。百姓一揆の形態には、武装蜂起のほかに逃散があった。逃散は文字通りその村から他領へ逃げることである。これも百姓が一揆して行う行動であり、江戸時代には頻発した。逃散した農民を呼び戻すために領主はその訴えを飲むことを迫られたのである。つまり、逃散は藩の苛政から単に逃げるわけではなく、闘争するための一揆の形態であった。

しかしながら、闘争とはいっても、領主に強制的に連れ戻され厳罰に処されることが多く、農民にとっては決死の蜂起であった。延享元年（一七四四）七月、宇佐郡鳥越村の百姓三〇人が、突如家を空にして島原領に逃げ込んだ。島原領といっても、鳥越村の隣村二三カ村が島原領となっていたので隣村に逃げ込んだわけである。とはいえ、他領には間違いなく、農民の逃散が実行されたのである。

翌二年には同じく宇佐郡松木組の百姓一〇人が、島原領に走っている。同じく三年にはふたたび鳥越村の百姓一三人が逃散を行おうとしたため、事前に察知した藩がこれを捕らえて中津の長浜で打ち首とし、見せしめのため、村に晒し首にした。島原領は島原藩松平家の領内で、税を免じる施政方針を取っているため、宇佐郡から島原領への逃散が多発したわけである。

もっとも多くの農民が逃散に及んだのは、享保十二年(一七二七)七月二十四日に起こった東屋形村七二〇人の立ち退きであろう。中津領であった東屋形村の百姓らが天領である隣の山口村・麻生村に逃げ込んだと、四日市陣屋の代官のもとへ知らせがあった。代官はすぐに中津藩へ通達し、大庄屋をはじめとする村の役人が百姓らの訴えを聞きにやってきた。庄屋たちは、百姓らの借金を帳消しにし、藩からの咎めもしないことを約束し、七二〇人の百姓らはようやく東屋形へ帰村したという。後日、東屋形村の庄屋が責任をとる形で手錠という軽い刑に処せられたが、ほかの百姓たちはお咎めなしで許されたのである。逃散という闘争行為が成功を収めた例であった。

前代未聞の大一揆「文化一揆」

文化九年(一八一二)二月二十一日、夜八時頃、城下へ入る広津口・島田口の

城門の外で、鉦太鼓がけたたましく鳴り、大勢の叫び声が響いた。宇佐郡赤尾村と下毛郡多志田村の百姓百数十人が蜂起し城下に押し寄せたのである。なぜ百姓らは蜂起したのか。その顚末をみていこう。

一揆の首謀者の一人赤尾丹治は、もともと下毛郡伊藤田村の生まれであったが、赤尾村の大庄屋赤尾三左衛門の養子になり、跡を継いでいた。養父三左衛門は駅館川《やっかんがわ》の上流の桂掛井堰から四日市まで一里半引かれていた水路を、自らの赤尾・佐野村まで延長させた功績のある人物である。その養子となった丹治も負けず劣らずの人であった。藩ではこの井堰開鑿のための資金を五カ年に限って赤尾・佐野村に賦課するという約束をしていたが、五年、十年を過ぎてもこの税が取られ続けていた。領民は加税の撤廃を藩に嘆願したが、聞き入れられず、丹治も自ら藩庁に訴えたが状況は変わらなかった。そこで領民らは強訴という手段をとったのである。二月十九日、一一カ条の要求を掲げて一〇〇人余りの百姓が蜂起し、下毛郡を越えて渡河、上毛郡広津に押し寄せた。広津には同じく蜂起して城下を目指していた多志田村の百姓五〇人ばかりが集結していた。

多志田村は山国川の中流、現在でいう耶馬溪地方にあった村で、この村の当時の庄屋が江利角五左衛門という人であった。水の便が悪かったこの村では思うような水田耕作ができず、年々戸数が減っていた。そこで五左衛門は井堰の開鑿を計画、藩に掛け合って赤尾村の時と同じく五カ年の加税による工事費の負担を条件に許可が出された。しかしこれが難工事で、寛政十二年（一八〇〇）から開通するまで七年がかりでようやく完成した。村の人々は工事費の捻出のため借金を重ね、変わらず苦しい生活を強いられていたが、五年を限るという約束があったのでみな辛抱していた。ところが五年が過ぎた後も藩は加税をやめなかったのである。赤尾村と同じ状況であった。村民らは神社に集まり強訴を決意、一揆して蜂起することが決定された。五左衛門は赤尾丹治と謀って広津に集合したわけである。

広津に押し寄せた赤尾・多志田の一揆勢は広津庄屋、中村大庄屋、小犬丸利左衛門方、金谷庄屋を打ち崩して渡河し、城下に迫った。城内は騒然とし、役人は集められ、陣太鼓を鳴らし、町屋には提灯を供出させた。★

広津・中村・小犬丸・金谷の庄屋を打ち崩した一揆勢は城下まで迫っていた。小倉口・金谷口・島田口に押し寄せた一揆勢は警備の兵と対峙した。鎮静にあたったのは家老の奥平図書《ずしょ》と生田主計《かずえ》の二人であり、町中の各門を見回り固めさせた。時の藩主奥平昌高はこの様子を物見櫓から見ていた。家臣へ鎮めよと命令を下すも騒ぎの中でなかなか伝わらず、家臣が一人馬に乗り城外へ出て藩主の仰せであると一揆を鎮めようとしたが、一揆勢は一向に聞き入れずその馬に竹槍を突き立てた。これがきっかけとなり、門口に構えていた鉄砲隊が誘発され、一揆勢に向けて発砲。一揆勢は三人が死亡し七人が捕らえられた。そのほかは発砲に驚

▼「惣町大帳」文化九年二月二十一日の記録では、「日暮れよりことの外騒動、御役人様の二男三男までもまかり出候様仰せ付けられ、所々御門々々に固め仰せ付けられ、すでに御家老図書様・主計様町中御廻り成られ候て、御門々々へ御出成られ候。今宵広津庄屋・中村大庄屋・小犬丸利左衛門・金谷庄屋・打ち崩し候趣にて在中大勢鉦太鼓にて押し寄せる」とあり、一揆の報による城下の物々しさが伝わってくる。

き散り散りになって逃げ帰ったという。この前代未聞の大一揆を文化一揆と呼んでいるが、実情は中津藩だけの問題ではなかった。

文化一揆の原因とその処分

文化一揆はなぜ起こったのか。その契機は前年に起こった豊後岡藩の一揆にある。当時岡藩では農村経済の停滞を打破すべく、藩政改革に乗り出していた。文化三年（一八〇六）に横山甚助という家臣を登用し、新法による財政改革を行った。この新法は、農民からの搾取を徹底的に行うもので、しまいには夜なべ仕事にまで課税するというような始末であり、この圧政は当然、農民の生活を苦しめる結果となった。文化八年十一月十八日、ついに岡藩の農民たちは集結し、総勢四〇〇〇人の一揆にふくれ上がり、藩に対して横山の新法の廃止を訴えたのである。この岡藩の一揆が文化一揆★の始まりで、このうねりが臼杵・佐伯・府内の各藩や天領の日田に広がり、各地で一揆が起こった。中津の一揆もこの流れの一環であるが、赤尾村や多志田村の蜂起のほかにも、藩内で一揆が起こっていた。

文化九年二月、豊前領内の添地《そえち》★であった板場・松木・北山・香下《こうした》の農民は、藩の苛政の撤廃を訴えて徒党をなした。その苛政の内容は必要以上の課税と生産物の安価買い上げ、年貢の増額である。彼らは豊後での一揆の動きを知って自分た

▼文化一揆
文化大一揆ともいう。

▼添地
城下と地続きの城附に対して、他所にある領地。

ちも行動したのであった。藩との話し合いの場が設けられたが、処置を後回しにしてなだめようとした役人たちをはねのけて、板場・松木組は烏帽子嶽、北山・香下組は妙見嶽に集結し、中津城下へ押し掛けようと一揆した。藩は郡奉行や大目付に命じて騒ぎをやめさせるべく百数十人の兵を派遣した。一触即発の雰囲気の中、役人は農民側の要望書を受け取り、ようやく一揆は鎮まった。二月十一日、藩は農民の要望に対して、さまざまなものに賦課していた運上や冥加銀の廃止や、役人の心得の改革などを約束した。この回答の中に村方で難渋していることがあれば願い出るようにという一文があり、農民たちはそれを楯にとってふたたび決起し打ちこわしなどの実力行使に出る。赤尾村や多志田村も実はこれに刺激された農民の蜂起であり、先に述べたように城下へ迫っていったのである。

二十一日、城下に押し寄せた一揆勢は藩の鉄砲隊や空砲での威嚇によって城下を退き、一揆は終わりを迎えた。すぐさま処分が行われ、家老・物頭・目付ら重役は苛政をしいたという理由で免職、大庄屋・庄屋などの村役人も多くが免職となった。その一方で、一揆参加者の捕縛も行われた。捕らえられた者のうち、首謀者とみられる者について、八名が死罪、五名が敲《たた》きの上追放、三名が永牢となった。赤尾丹治や、江利角五左衛門は死罪となり、長浜の刑場で処刑され、首は村へ送り返されて獄門台に晒されたという。

文化一揆後、藩では一〇カ条の触書《ふれがき》が出された。しかしそれは、これまでと同

赤尾丹治記念碑（宇佐市赤尾）

江利角五左衛門碑（中津市本耶馬溪町多志田）

様、武士に対して無礼をしてはならないとか、博奕を禁止し、寄り合いや他所奉公も禁止するなど、農民は農民らしく耕作に励めというような訓示であった。行き詰まりをみせた農政に対して、藩はよい改善案を出すことができなかったわけである。結果、農民たちの困窮の度合いは増し、田畠を質に入れ、農村に土地をもたない多くの遊民が生まれてしまう状況となってしまったのである。

奥平家系図

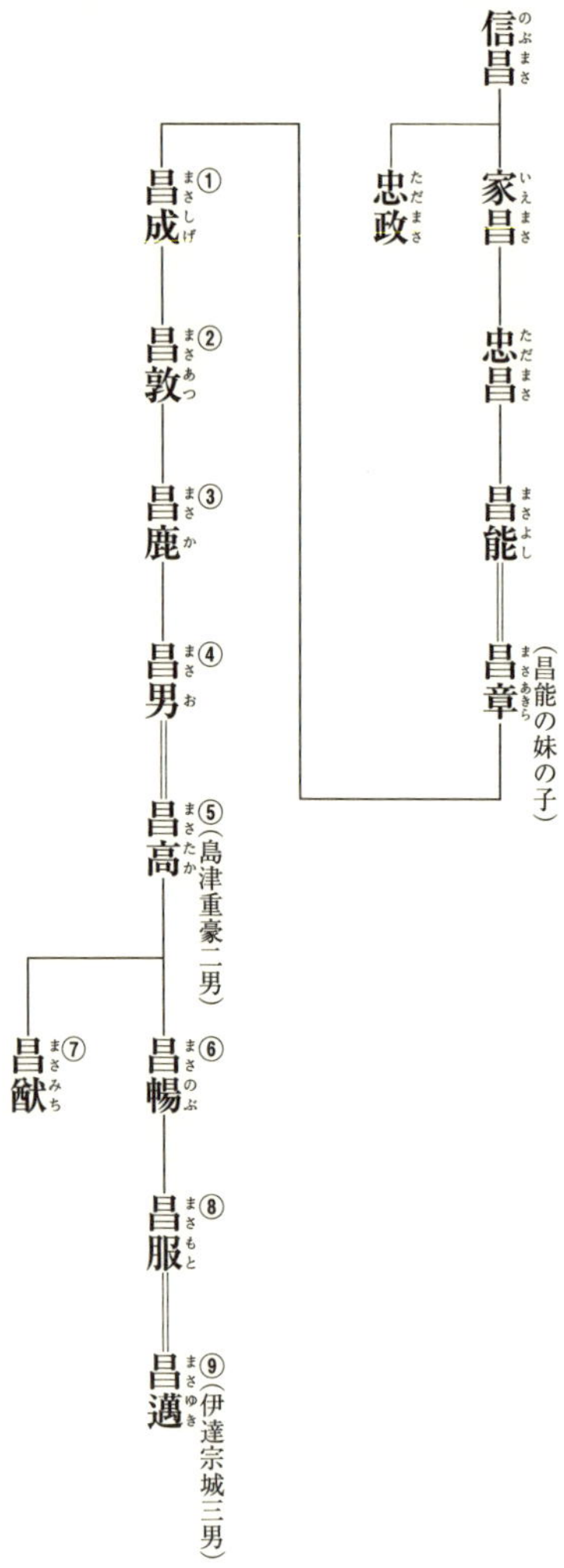

これも中津

現在に伝わる中津藩③ 奥平家ゆかりの地

中津城天守閣（奥平家歴史資料館）

昭和三十九年（一九六四）に旧藩主奥平家の呼びかけで市民の寄付によって建造された模擬天守閣。本丸上段の北東隅櫓跡に建てられた天守閣は、鉄筋コンクリート造りの五層五階。内部は奥平家歴史資料館として一般公開されており、奥平家歴代藩主の甲冑や、徳川家康から拝領した白鳥鞘の鎗、徳川吉宗の知行宛行状など、貴重な宝物・古文書を収蔵・展示している。

中津城館内

自性寺境内の織部燈籠

自性寺

自性寺は奥平家の中津での菩提寺である。三河新城を領していた頃に藩祖信昌によって金剛山万松寺が創建され、幾度かの移封に従って寺も移っていった。享保二年（一七一七）、中津移封にともなって城下の西南隅に建立。延享二年（一七四五）に自性寺と改称した。境内には中津の地で没した昌猷の墓や、昌高の子の墓などがある。自性寺には池大雅の筆による絵と書の襖絵が四六点残されており、現在、大雅堂という収蔵庫に展示されている。

烽火台跡（雄熊山・清水山・大蔵山）

奥平昌高によって文化四年（一八〇七）から築造された烽火台跡が残る。幕府より長崎への黒船来襲に備えて、有事の際に速やかに対処できるように、連絡手段として烽火台の築造が命じられた。中津藩では雄熊山（現・福岡県築上郡上毛町吉岡）、清水山（現・中津市野依）、大蔵山（現・宇佐市院内町北山）に造られ、現在もその跡が残されている。

雄熊山烽火台跡

歴代藩主一覧

	藩主		生没年	在位
黒田時代	1	黒田孝高《よしたか》	文化15—慶長9 (1546) (1604)	天正14—天正17 (1587) (1589)
	2	黒田長政《ながまさ》	永禄11—元和9 (1568) (1623)	天正17—慶長5 (1589) (1600)
細川時代	1	細川忠興《ただおき》	永禄6—正保3 (1563) (1646)	慶長5—元和6 (1600) (1620)
	2	細川忠利《ただとし》	天正14—寛永18 (1586) (1641)	元和6—寛永9 (1620) (1632)
小笠原時代	1	小笠原長次《ながつぐ》	慶長20—寛文6 (1615) (1666)	寛永9—寛文9 (1632) (1666)
	2	小笠原長勝《ながかつ》	正保3—天和2 (1646) (1682)	寛文6—天和2 (1666) (1682)
	3	小笠原長胤《ながたね》	寛文8—宝永6 (1668) (1709)	天和2—元禄11 (1682) (1698)
	4	小笠原長円《ながのぶ》	延宝4—正徳3 (1676) (1713)	元禄11—正徳3 (1698) (1713)
	5	小笠原長邕《ながさと》	正徳1—享保1 (1711) (1716)	正徳3—享保1 (1713) (1716)
奥平時代	1	奥平昌成《まさしげ》	元禄7—延享3 (1694) (1746)	享保2—延享3 (1717) (1746)
	2	奥平昌敦《まさあつ》	享保9—宝暦8 (1724) (1758)	延享3—宝暦8 (1746) (1758)
	3	奥平昌鹿《まさしか》	延享1—安永9 (1744) (1780)	宝暦8—安永9 (1758) (1780)
	4	奥平昌男《まさお》	宝暦13—天明6 (1763) (1786)	安永9—天明6 (1780) (1786)
	5	奥平昌高《まさたか》	天明1—安政2 (1781) (1855)	天明6—文政8 (1786) (1825)
	6	奥平昌暢《まさのぶ》	文化6—天保3 (1809) (1832)	文政8—天保3 (1825) (1832)
	7	奥平昌猷《まさみち》	文化10—天保13 (1813) (1842)	天保3—天保13 (1832) (1842)
	8	奥平昌服《まさもと》	天保1—明治34 (1830) (1901)	天保13—慶応4 (1842) (1868)
	9	奥平昌邁《まさゆき》	安政2—明治17 (1855) (1884)	慶応4—明治4 (1868) (1871)

黒田家
黒田藤巴紋

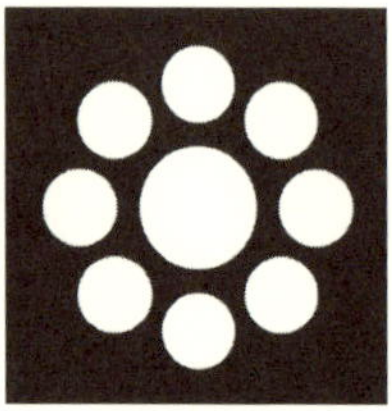

肥後細川家
細川九曜紋

小笠原家
三階菱紋

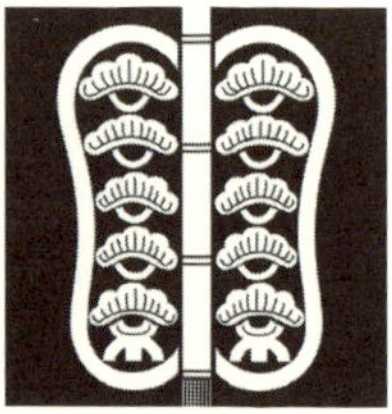

奥平家
輪軍配団扇紋

これも中津

中津の祭り

鶴市神社傘鉾

八月の最終の土・日曜日に行われる八幡鶴市神社の神幸祭。沖代《おきだい》条《じょう》里《り》の水田地域を傘鉾が巡行し当年の豊作を祈願する。由来では保延元年（一一三五）、沖代の平野を灌漑するため山国川に大井手が造られたが、その際、人柱となったお鶴と市太郎の霊を慰めるために始まったという。大井手の灌漑範囲の各集落が花傘鉾を出して、鶴市神社の神輿を先導して、およそ四〇キロメートルの巡行路を一周する伝統的な祭礼行事である。大分県の無形民俗文化財に指定されている。

傘鉾

北原人形芝居

中津市北原の原田神社で毎年二月四日の万年願《まんねんがん》の時、人形浄瑠璃が奉納される。鎌倉幕府の執権北条時頼が諸国巡検の時に北原で倒れ、村人が看病し、無事回復した時頼に、祝いの踊りを見せ、手に目と鼻を描いた人形芝居を見せたのが始まりであるという。江戸時代には大寺社の祭礼のたびに巡業公演を行っていた。現在は北原人形芝居保存会が行事を伝え、地元の小学校の人形クラブの子たちも熱演する。大分県の無形民俗文化財に指定されている。

これも中津

中津の名産

鱧《はも》

鱧は高級魚としても知られ、全長一〜二メートルほどの細長い海水魚。豊前海では古くから鱧が盛んに捕られ食されていた。鱧は料亭に並ぶような高級食材であるが、市民の食卓にもよく並ぶごちそうである。骨切りした鱧は、鍋や湯引きにして楽しまれる。

鱧料理

ういろう、けんちん

中津の名物ういろうは普通のういろうと違い、小さな花形をしており、白と茶の二色がある。生姜で風味付けをしており、茶にはこしあんが入っている珍しいういろうである。

けんちんは、城下に二百年前から伝わるお菓子。江戸時代の医者田中信平が長崎より持ち帰ったといわれ、栗や金時に本葛を加えてせいろで蒸し上げた郷土銘菓である。

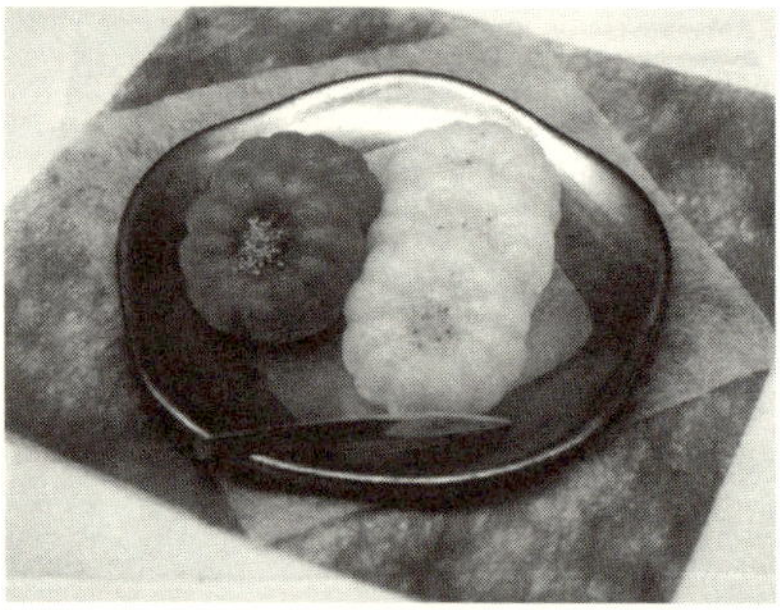

ういろう

唐揚げ

近年、中津の唐揚げがブームとなっており、東京などにも出店している。大分県は鶏肉の摂取量が日本一であるといわれ、中津には昔から唐揚げ屋が多くあった。にんにく醤油の味付けやさっぱりした塩唐揚げなど、そのバリエーションも多彩である。

唐揚げ

第四章 蘭学の泉湧き、文化の華開く

藩主による学問の奨励で多くの蘭学者・文化人が輩出。

①蘭学の泉湧く

江戸時代にはオランダを通じてヨーロッパの学問や文化が日本に入ってきた。
蘭癖大名と呼ばれる蘭学に傾倒した大名も現れ、学者たちは盛んに蘭学を学んだ。
中津藩でも辞書の編纂や西洋医術の実践が行われた。

蘭学を奨励する三代藩主奥平昌鹿

三代奥平昌鹿《まさか》は延享元年（一七四四）七月十五日に生まれた。二代藩主昌敦《まさあつ》の長男である。母は牧野氏、幼名を熊太郎といい、のちに加冠して昌邦と改めた。宝暦七年（一七五七）十二月、従五位下に叙せられ、丹後守に任じられた。同八年九月、父の跡を継ぎ、大膳大夫に任じられ、同九年正月、初めて大手組防火の命をこうむり、十一月、さらに大手門守衛を命じられている。十二年三月、領内を見回って民衆の苦労や楽しみを聞いてまわった。その後、昌邦は江戸にて長く病を患い病床にあったが、明和元年（一七六四）七月、病が癒えて登城すると、ふたたび大手門守衛を命じられ、同四年九月に名を昌鹿に改めた。同六年二月には、阿部正允《まさちか》の娘である八百姫を正室に迎えている。五月、将軍の日光参詣にあ

奥平昌敦（自性寺蔵）

たっては日光新町の警護を担当、同九年二月に起こった江戸の大火では大手門の消防に努めて功をなした。安永五年（一七七六）四月、将軍家治の日光参詣の際もふたたび日光新町の警護を命じられるなど、将軍家の信頼は厚かったようである。

昌鹿は心が広く情け深い性格で、人を愛し、人のための政治にもっとも心を注いだ。常に民衆と顔を合わせて、民たちの思いを語らせたという。また、頭がよく、物事への好奇心が高かったことから、他の良いところはすぐに勉強し藩政に反映させていったようである。終始あわてず、堂々とした物言いで、公平な政治に尽くした藩主であった。そのことを語るエピソードがある。

昌鹿の二人の愛妾が薦神社に参詣し、その帰りに傘をさして中津城の椎《しいの》木《き》門《もん》に入ろうとした。その時、藩規では椎木門は車に乗ったり傘をさしたりしたまま入ることを禁じられていたので、守衛の者はこの法規を守り彼女らを中に入れなかった。妾の二人はこれに腹を立て、守衛に罰を与えるよう昌鹿に讒言《ざんげん》した。これを聞いた昌鹿は驚いてこう言ったという。「お前たちはありがたく思わねばならない。もし守衛がわが妾であると知らなかったら、門の中に入れないだけでなく、そなたたちの首をはねていたところであろう」――公平実直な人物であった。

昌鹿の母が脛骨を骨折し難儀していたところ、ちょうど江戸に来ていた長崎のオランダ大通詞で外科医でもあった吉雄《よしお》耕牛《こうぎゅう》が、西洋の療法により治療して完

奥平昌鹿（自性寺蔵）

治させた。このことに昌鹿は感服し、耕牛とのやり取りからオランダ語を学び、蘭学に非常に強い関心を示したのである。

その頃、蘭学を志そうとしていた中津藩医に前野良沢がいる。良沢は言うまでもなく杉田玄白らと共に解剖学書『ターヘル・アナトミア』の翻訳に携わった人物である。明和七年（一七七〇）、昌鹿は良沢に長崎遊学を許可し、吉雄耕牛のもとで百日間、蘭学を学ばせた。耕牛の塾は西洋式の外科医術を中心に講義していたが、良沢はそれよりもオランダ語の習得を急いだようである。中津の蘭学の泉は、この藩主奥平昌鹿と藩医前野良沢によって切り開かれたのである。

藩医前野良沢と『解体新書』

中津、いや、日本において、蘭学の祖ともいうべき前野良沢は、享保八年（一七二三）、筑前藩士谷口新介の子として江戸に生まれた。幼少の頃、父が亡くなり、母も良沢を捨て逐電《ちくでん》、孤児となった良沢は、伯父で淀藩主稲葉家の医官である宮田全沢に引き取られた。その後、中津藩医前野東元の養子となった良沢は本格的に医学を学ぶことになる。医学の勉強の最中、良沢はオランダの書物に触れる機会を得て、オランダ語の読解こそが医学の進歩につながると感じ、その習得に奔走するようになる。良沢ははじめ、甘藷先生のあだ名で知られた青木昆陽の門を

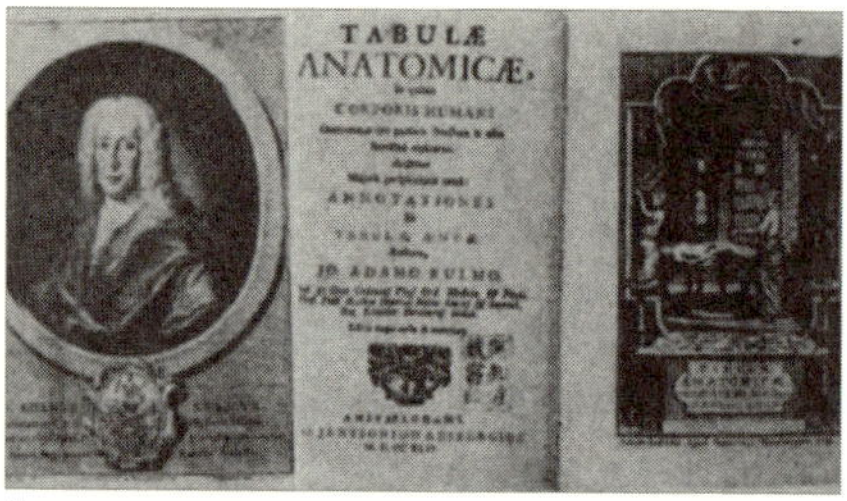

『ターヘル・アナトミア』

前野良沢

たたきオランダ語を学んだ。青木昆陽は、実学主義の漢学者で、幕府の儒者であるが、将軍徳川吉宗の命で、オランダ語を習得し、『和蘭文訳』などの著書を残している。しかし、良沢が弟子となったその年に昆陽はこの世を去ったため、良沢は長崎大通詞の吉雄耕牛のもとで学ぶため、長崎留学を決意した。藩主昌鹿の許可を得て、長崎へオランダ語習得のための留学を行ったことは先に書いたことであるが、昌鹿が蘭学に理解を示していたことが蘭学者前野良沢としての一つの出発点になったことは事実であろう。

わずか百日の留学であったが、良沢は猛勉強の末、一〇〇〇語近くのオランダ語の知識を得たといわれる。留学から戻った良沢は江戸の中津藩中屋敷に住み、江戸の医学者たちと蘭学についての知識を交わし、関係を深めていった。その中に杉田玄白や中川淳庵らがおり、彼らはかねてから観臓（人体解剖の見学）の許可を奉行所に願い出ていた。明和八年（一七七一）、骨《こつ》ヶ原《はら》で解剖が実施される知らせがあり、すぐに玄白は淳庵や良沢と共に観臓に及んだのである。この時、玄白と良沢が手にしていたのが、オランダ語で訳された解剖学書『ターヘル・アナトミア』であった。この『ターヘル・アナトミア』はオランダ商船が日本へ持ち込んだものであったが、高額であり、簡単に入手できる書物ではなかった。玄白は小浜藩主酒井忠用《ただもち》に、良沢は昌鹿に懇願し、入手できたのである。解剖図を手に、罪人の死体解剖を目にした玄白らは、それまでの自らが習得していた医学の未熟さを目の当たりにし、常識を超えた西洋医学の存在に驚愕した。そして翌日から、中津藩の中屋敷にて『ターヘル・アナトミア』の翻訳に取りかかったのである。翻訳の中心は、玄白が「良沢を盟主と定め、先生とも仰ぐこととなしぬ」と残しているように、オランダ語に精通した良沢であった。

「かのターヘル・アナトミアの書にうち向ひしに、誠に艫舵なき船の大海にのり出だせしが如く、茫洋として寄るべきかたなく、ただあきれにあきれて居たるまでなり」。玄白がそう書き残しているように、翻訳の作業は困難を極め、雲をつかむような作業であった。安永三年（一七七四）、ついに翻訳を終えた五冊にわたる解剖書は『解体新書』と名づけられ、その後の医学に大きな発展をもたらすことになる。この歴史的な翻訳書である『解体新書』の訳者に、実は良沢の名は加えられていない。本人がその名を記すのを固辞したといわれる。その理由は、功名心がなかったからとか、自身の翻訳の未熟さからだとか言われるが、定かではない。しかしながら、初めて蘭学と向き合った良沢のパイオニアともいうべき姿勢は、日本社会に大きな進歩をもたらすことになるのである。

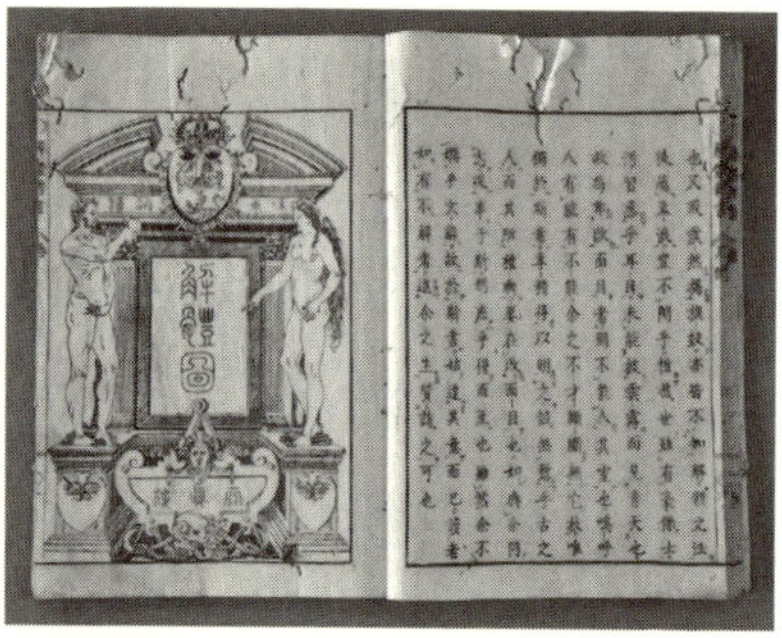
『解体新書』

蘭癖大名奥平昌高の登場

三代藩主で蘭学に深く傾倒した昌鹿は安永九年（一七八〇）、三十七歳の若さでこの世を去った。生前、前野良沢を非常にかわいがり、蘭学の研究に打ち込む良沢に和蘭人の化け物という意味の「蘭化」という号を名づけるなど、良沢の蘭学研究の姿勢に、藩主として自由に学問できない自らの思いを託して、奨励した。昌鹿の蘭学・良沢への期待は、以後現れる中津藩の学者たちに大きな影響を残した。そしてもう一人、昌鹿を上回るほど蘭学にのめり込んだ「蘭癖《らんぺき》大名」とも揶《や》揄《ゆ》された藩主が登場する。それが五代藩主奥平昌高である。

昌鹿の長男であり昌鹿の没後四代藩主となった昌男《まさお》は、跡継ぎに恵まれないまま二十四歳で亡くなった。亡くなる直前、薩摩藩主で父昌鹿とは蘭学仲間であった島津重豪《しげひで》の二男昌高を養子に迎えて跡継ぎとした。昌高はこの時まだ六歳。幼年ながら中津藩十万石の太守となったのである。寛政八年（一七九六）、十六歳となった昌高は、昌男の娘八千姫を娶り、婿養子として名実ともに藩主となった。

さてこの昌高公、先々代昌鹿や実父重豪にもまして蘭学にのめり込んだ人物である。江戸の中津藩中屋敷には総ガラス張りのオランダ屋敷と呼ばれる建物を建て、蘭式の訓練や大砲の鋳造を行っていたという。出島に舶来した品々を集めては屋敷に陳列し愛用していた。昌高は自らも蘭学を学ぶことを望み、率先してオランダ語を学んだ。交流を結んだ出島のオランダ商館長であるドゥーフからは、フレデリック・ヘンドリックという蘭名も与えられている。

昌高がもっとも親交をもった人物は、文政六年（一八二三）に軍医として来日

奥平昌男（自性寺蔵）

奥平昌高（自性寺蔵）

し、日本にさまざまな学問を招来したフィリップ・フランツ・フォン・シーボルトである。シーボルトは日本に近代文化をもたらしたほか、長崎に鳴滝塾《なるたき》を設立し、日本人医師の教育を実施、また、当時の日本の情景を詳細に記録し、日本を愛した人物である。愛しすぎたが故に、日本の情報をヨーロッパに流したという罪で国外追放となったシーボルト事件までの六年間、日本医学の近代化に努めていた。

昌高は実父島津重豪と共に文政九年にシーボルトと対面した。昌高は蘭学への探究心から、この前年家督を二男である昌暢《まさのぶ》に譲り、自身は隠居の身となり、気兼ねなくシーボルトと交流を深めていった。シーボルトの『江戸参府紀行』には昌高の名が一番多く出てくるという。シーボルトとの交流では昌高はオランダ語で会話をし、また、手紙のやり取りもされていたようである。

フィリップ・フランツ・フォン・シーボルト

『バスタード辞書』の編纂

オランダ語を学び、蘭学に深い関心をもった昌高は、蘭学を研究する上でもっとも重要な辞書の編纂を志した。オランダ語の辞書は、前野良沢の師・青木昆陽が著した『和蘭文訳』などの簡単な文例集に始まったが、本格的な辞書としては、寛政八年（一七九六）、オランダのフランソワ・ハルマの蘭仏辞書を稲村三伯らが翻訳した『ハルマ和解』いわゆる『江戸ハルマ』が唯一の蘭和辞書であった。また、同じくハルマの蘭仏辞書をオランダ商館長ドゥーフらが訳した『長崎ハルマ』(ドゥーフ・ハルマ)が刊行されたのは天保四年(一八三三)のことである。

　昌高はまず自ら主導し、日本で最初の和蘭辞書になる『蘭語訳撰』の編纂にとりかかった。主君の志に協力したのは家臣の神谷弘孝であった。この神谷とは中津藩医神谷源内のことである。神谷源内は前野良沢の弟子であり、ドゥーフからピーテル・ファン・デル・ストルプという蘭名を与えられた中津藩きっての蘭学者である。昌高と共にシーボルトにもたびたび会っている。蘭語辞書の編纂は良沢の願いでもあり、弟子である源内がそれに携わることは必然であった。昌高と源内による和蘭辞書は文化七年(一八一〇)に完成し、『蘭語訳撰』と名づけられて刊行された。『蘭語訳撰』の巻末には「Nakatsu Minamoto Masataka」と「Kamiya Filojosi」と編者である源昌高(奥平昌高)と神谷弘孝(神谷源内)の名が記されている。

　『蘭語訳撰』を刊行した後、昌高は、源内と同じく良沢の弟子である藩医大江春塘の協力で蘭和辞書の編纂を始めた。底本にしたのはローデウェイク・メイエルの『語彙宝函』バスタード部であったので『バスタード辞書』と名づけられた。刊行は文政五年(一八二二)、七二四九語の蘭和辞書である。その序文には昌高本人がオランダ語で、先の『蘭語訳撰』の編者神谷源内と、『バスタード辞書』の

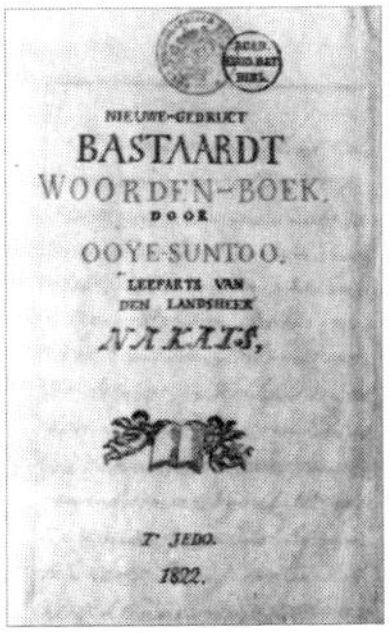

『バスタード辞書』
(オランダ・ライデン大学蔵)

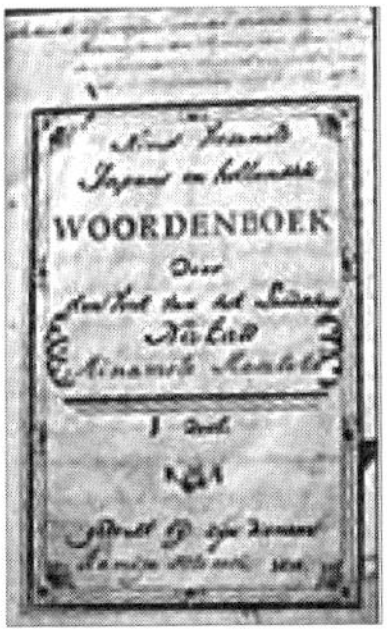

『蘭語訳撰』
(中津市蔵)

『ドゥーフ・ハルマ』写本
(大分県立先哲史料館蔵)

編者大江春塘について、今後、多くの大きな実を実らせることになる大木であると賞賛している。もちろん二人の能力や努力は、日本の学問にとって大きな前進となった。が、それよりも彼らを藩主の身分で主導し、自らの知識をもって辞書の編纂にあたった昌高は、まさに前衛的であり近代的な意識をもった人物であったのである。

医学の発展

奥平昌鹿による蘭学の奨励に始まり、前野良沢の『ターヘル・アナトミア』の和訳、奥平昌高・神谷源内・大江春塘の和蘭・蘭和辞書の編纂へと続いた蘭学の萌芽《ほうが》は、中津藩に医学の発展をもたらした。

中津藩の医学史を語る中で、はじめにとり上げなければならない人物といえば、文政二年(一八一九)に自ら執刀し人体解剖を行った村上玄水であろう。玄水は天明元年(一七八一)、城下諸町の医家村上家に生を受けた。父は玄秀、母は阿長という。村上家は戦国時代、本願寺合戦にて軍功を立てた顕如上人の弟子である村上良慶をその祖とする。良慶から数えて三代目にあたる宗伯が、医家村上家の初代である。大坂で古林見宜《けんぎ》に医術を学んだ宗伯は「医もまた自然に従う」の言葉を信条に村上家の基礎を築いた。この宗伯を初代として、養元・玄水・玄洞・長庵・玄秀と続き、七代目が玄水である。幼名は玄立《げんりゅう》、のちに玄水と改める。寛政八年（一七九六）に設立された中津藩校進脩館にて、藩儒である倉成龍渚《くらなりりゅうしょ》や野本雪巌《せつがん》に漢学を学び、才気にあふれていたという。その後、久留米藩儒 梯 隆恭《かけはしたかやす》に兵法を、広島の藩医中井厚沢《こうたく》にオランダ医学を学んでいる。特に中井との出会いは、医者としての玄水の歩みに影響を与えた。

中井の示した西洋の医術、特に解剖術に関心をもった玄水は、医学書、蘭学書を読めるだけ読み、知識を重ねた。そして、文政二年三月八日、藩の許可を得た玄水は、中津藩の刑場である長浜にて、人体解剖を行ったのである。解剖は近隣から集まった多くの医者が立ち会う中、一日がかりで行われた。玄水は藩の画員である片山東籬《とうり》に解剖図を描かせ、『解剖図説』と題して出版した。また、自身はその記録を『解臓記』と題して残している。『解臓記』によれば、献体された受刑者は二十一、二の男性で、強壮にて一点の病もなかったという。解剖を行った現場には、五間四方に垣根を廻らした敷地に二間四方の雨よけの屋根を設けていた。これは藩より賜ったと書かれており、玄水の解剖が、藩主昌高の支持のもとに行われたことを示している。

ほかにも、中津医学館の設立に携わり校長になった大江雲沢、痘瘡の研究を行い種痘による治療を実施した辛島正庵、西洋の外科手術を習得して近代医学の礎を築いた田代基徳など、多くの先進的な医師が輩出した。

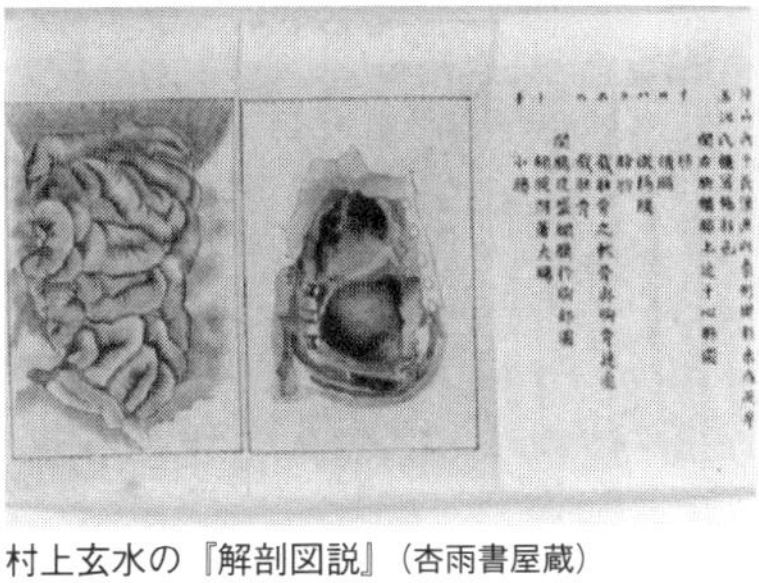
村上玄水の『解剖図説』（杏雨書屋蔵）

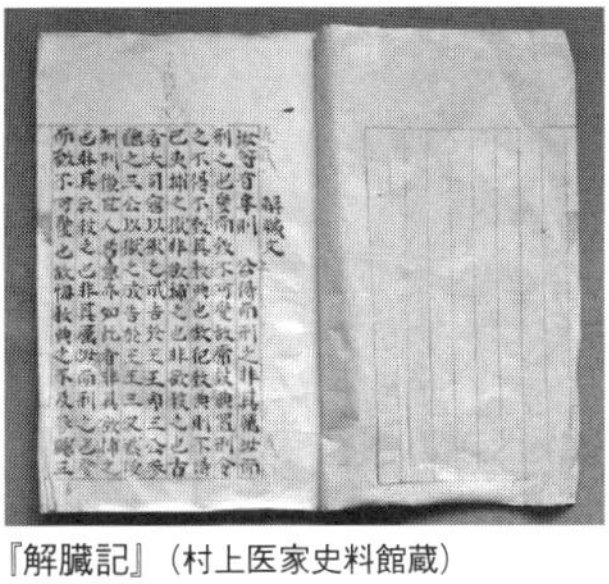
『解臓記』（村上医家史料館蔵）

②儒学の発展と藩校進脩館創設

江戸幕府は封建支配のための思想として儒教を採り入れた。中津藩でもそれにならい、政治的イデオロギーとして藩体制の支柱とした。儒学を藩の学問とし、特に純粋な学問としての漢学が盛んになった。

藤田敬所と倉成龍渚

蘭学の急進的な発展は、中津藩を近代化へ導く大きな原動力となった。しかし、その裏にあった伝統的な学問である儒学の存在を無視することはできない。蘭学を学ぶためにはその蘭学書を日本語に翻訳しなければならず、そのために漢学の素養は必須であったのである。

中津藩の儒学の基礎を築いた人物は、土居震発と藤田敬所の師弟といえるだろう。土居震発は、堀川学派の伊藤東涯や大町敦素《とんそ》に学び、当時、丹後宮津藩の大名であった奥平昌成に儒官として仕え、享保二年（一七一七）、昌成の中津転封に従った。震発は昌成・昌敦《まさあつ》二代の藩主に仕え、弟子を育て、享保二十年に没している。

土居震発に師事し、中津藩の儒学の発展に努めたのが藤田敬所である。敬所の家は祖父藤田新右衛門が、播州龍野より小笠原長次に従って中津にやって来たことに始まっている。敬所は元禄十一年（一六九八）に生まれ、諱《いみな》を順則、字《あざな》は不識、また正蔵とも称した。敬所は二代藩主奥平昌敦の儒官であった震発について儒学を学んだ後、師の勧めで京都に上り、震発の師である伊藤東涯に師事して儒学の研究に没頭した。東涯が教授していた古義学は、その父伊藤仁斎が唱えた学問で、それまでの朱子学を否定し、原典である『論語』や『孟子』にあたってその精神を汲み取ろうとするものであった。

敬所は寛保元年（一七四一）に初めて藩主昌敦に教授し、宝暦二年（一七五二）に正式に中津藩の儒官として奉仕することとなる。その講義では、当時、幕府の公的な儒学である朱子学と共に、自らが学んだ古義学を説いていた。この学問の方針は、のちに藩校進脩館の方針にも採用されている。敬所のもとには多くの門下生が集った。その中で、あげなければならないのは倉成龍渚・賀《か》来《く》元龍《げんりゅう》・三浦安貞《あんてい》の三人である。

三浦安貞とは、いうまでもなく豊後が生んだ哲学者三浦梅園その人で、十七歳の時とその四年後、二回にわたって敬所の門をたたいて儒学を学んだ。安貞が敬所に学んだのはこの二回だけであったが、安貞は生涯、敬所を師と仰いでいたようである。同じ頃、敬所の門下生であったのが賀来元龍である。元龍は中津の酒

片山東籬筆「三浦梅園像」（個人蔵）

造屋の家に生まれ、敬所が開いていた私塾に通っていた。同門であった安貞とは親友となり、二人で『二豊唱和録』という詩集を編んでいる。この元龍と次にあげる倉成龍渚が、敬所亡き後、その遺文を集めて『貞一先生集』を編み、その序文を安貞が書いていることからも、この三人が敬所のもっとも信頼を厚くした弟子たちであったことがわかる。

　倉成龍渚は、敬所の門下生の中でも年若なほうで、寛延元年（一七四八）、宇佐郡上田村に生まれた。諱をけい、字を善卿という。十歳で父を失い、十五歳の時、中津に出てきて学問の道に進もうと、敬所の門をたたいた。敬所は龍渚の才能や人物を見込んで、自宅に引き取り養育した。藩もそれを認め、龍渚を養育する糧を与えた。龍渚は、二十三歳の時に京都に遊学し、敬所の師である伊藤東涯に学び、その後、江戸にて藩主昌鹿の子昌男の侍読役となり、学問を教えた。江戸では昌平坂学問所に足を運び、多くの儒者と交流をもった。龍渚は上杉鷹山《ようざん》の師であった細井平洲に見込まれ、米沢にて鷹山に教授もしている。のちに龍渚が羅漢寺の情景を叙述した『耆闍窟山記《ぎしゃくつせんき》』には平洲をはじめ、江戸で交流をもった多くの学者が讃を寄せている。

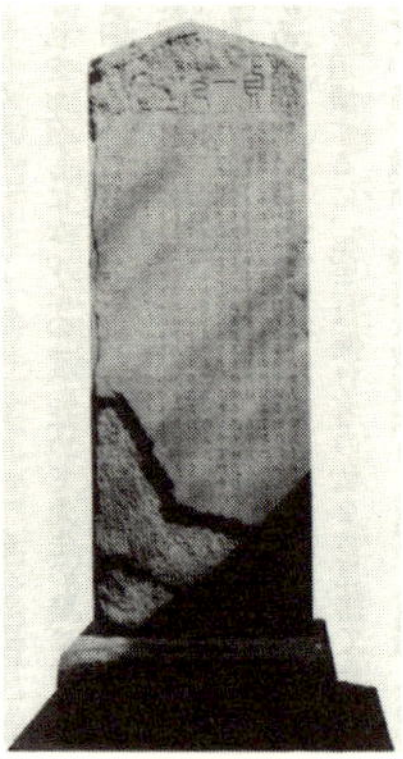
藤田敬所墓碑（合元寺）

藩校進脩館の創設

寛政二年（一七九〇）、龍渚は同じく藩の儒官で龍渚の弟子であった野本雪巌と共に、野本の邸宅を講堂として藩士子弟の教育にあたった。龍渚のもとには儒学を学ぼうとする多くの藩士子弟が集まったため、野本の邸宅では狭くなり、時の藩主奥平昌高に藩校の設立を強く嘆願した。昌高は他藩でも藩校の建設の気運が高まっていたことから、彼らの意見を聞き入れ、片端町《かたはまち》に文武練習所である進脩館《しんしゅうかん》が設立となった。寛政八年のことである。進脩館には毎年百石の経費が藩からあてられ、七〇〇坪の敷地に聖堂・学問所・学監局・教業斎・館務局・内塾・中厨の施設のほか、武道場も完備していた。藩士に限らず、農民や町人、神官・僧侶などの入学も広く認めていたという。

龍渚は進脩館の初代教授として文学を監督し、藩士の教育に努めた。その講義は藤田敬所や伊藤東涯に学んだ古義学が中心であり、『論語』や『孟子』の講義が行われた。

龍渚と共に進脩館設立に一役買った野本雪巌は、宝暦十一年（一七六一）に宇佐郡白岩村に生まれ、京都にて赤松滄洲や松本愚山に学び、中津では原田東岳や倉成龍渚に師事し、中津藩の儒者として立身した。子に白巌がある。この白巌も父と同じく儒官として進脩館で儒学を教授していた人物である。白巌は初め帆足万里《ばんり》に学び、「帆足の十哲」★の一人に数えられた。また、頼山陽に古文を学び、徂徠学の第一人者であった亀井昭陽にも教えを受けている。白巌は天保十一

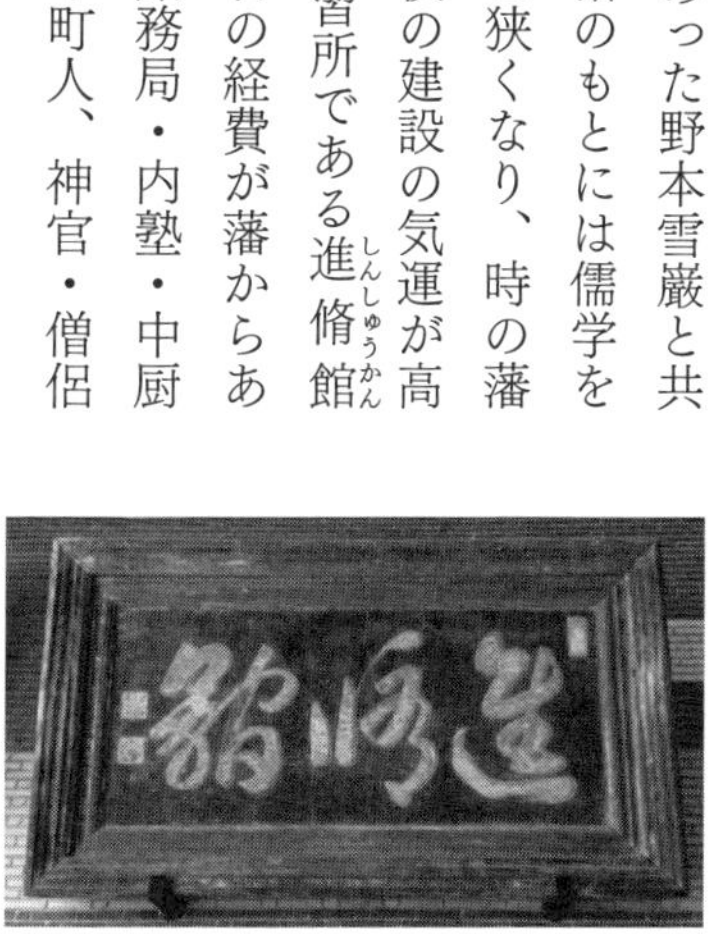
進脩館の扁額（中津市立南部小学校蔵）

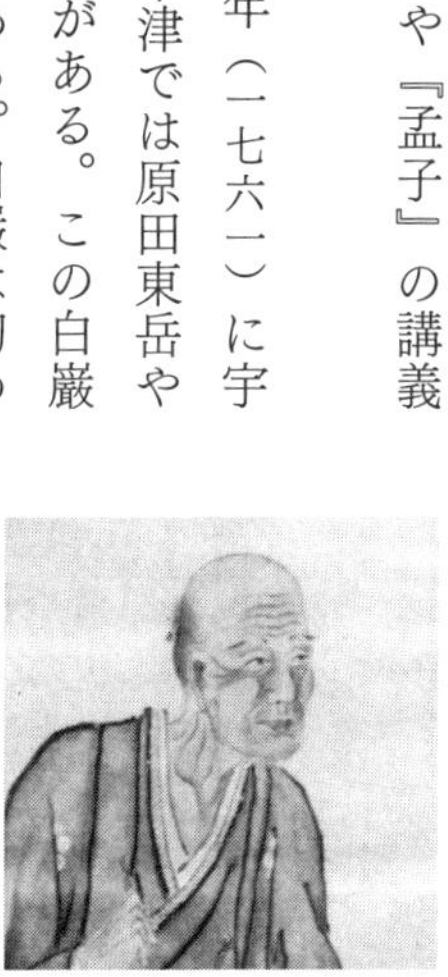
帆足万里像（部分）

▼帆足の十哲
勝田季鳳・関焦川・吉良子禮・米良東嶠・中村栗園・野本白巖・元田竹渓・後藤伯園・岡松甕谷・毛利空桑。

年（一八四〇）、「縁辺事件《えんぺん》」という身分対立にかかわって藩から蟄居を命じられた。縁辺事件とは、天保九年二月、大身《たいしん》の山崎主馬が、古来、大身と供番《ともばん》は互いに婚姻を結べていたが、今後は大身の女子は供番に嫁がせられるが、供番の女子は大身に嫁がせるべきでないと声明したことが原因で起こった身分対立である。供番の藩士はこれを聞いてその無礼を憤り、互いに同盟して各々大身から娶った妻女を里方に帰らせてなおかつ大身との交流を絶とうとした。白巌はこの時、供番側の改革案の立案に加わって藩主に建白したことから蟄居となったのであった。

白巌はその後、対外強硬論を唱えるようになり、『海防論』を著した。白巌の海防論には、海防において戦艦や大砲を製造し列強の侵入に備えること、北海道における奥州諸大名による北方防衛などが盛り込まれているが、特に呂宋（ルソン）や安南（ベトナム）、台湾などの西南諸島に進出すべきだとする南進論が展開されていることに特徴がある。このような国権確立の思想は弟子の白石照山、そしてのちに福澤諭吉に受け継がれていく。

進脩館の学則

進脩館では文武兼修の教育が行われ、その規則として次のような一二条の学則が掲げられた。

①経書の教えは朱子の注釈を宗として兼学として古義をもちいなさい。異説をもって紛乱《ふんらん》してはならない。ただし、もし自分で注釈をしてそれが優れているものであれば、この限りではない。
②詩は李白と杜甫を、文は韓愈《かんゆ》と柳宗元《りゅうそうげん》を旨としなさい。学力次第では古詩文を学びなさい。
③慎んで藩の法律を守りなさい。藩政について館中では批評してはならない。ただし、館中の事務や道理についてのことであれば議論してよい。
④治理《ちり》★については資治通鑑・通鑑綱目・大学衍義補・文献通考・杜民通典などを参考にしなさい。時に応じて活かせるように修学すべきである。
⑤古の人は礼楽（社会秩序を定める礼と人心を感化する楽）にて人材を育成したが、今日は読書のみが人を育てる。
⑥士が志すものは忠孝道義である。文芸はみな忠孝道義のために致し、ほかに目的はない。
⑦掃除・応対はもちろん、休みの日でもその志は常に学問研究に向けていなさい。学者は志を第一にするものである。
⑧今の弓馬術は昔の射御《しゃぎょ》★、今の式法は昔の小儀★、今の詩は昔の雅頌《がしょう》★、今の唐楽★は古楽★が伝わったものなので、その意味を理解して身につけなさい。
⑨もっとも禁止するべきことは頑固に根づいている俗習、うわべだけであさはか

▼治理
物事を安定させること。ここでは政治の意。

▼射御
弓術と馬術。

▼小儀
朝廷の小規模な儀式。

▼雅頌
中国の詩経の一分野。

▼唐楽
雅楽。

▼古楽
古い時代の音楽。

な流行、自身を誇張し他を侮辱する慢心である。
⑩正しいことを行おうとする意気や信念を守ろうとする姿勢は、古人を見習うべきである。後漢や宋にそのような人が多いので、時々その事績を読み、そのように振る舞いなさい。
⑪切磋琢磨して規範に照らして正し合い、いましめ合うことが学生にとって第一にすべきことである。
⑫遊戯や酒宴など、館中においてはこれらを禁止する。もし、失態に及んだ者があれば除籍処分とする。

このように進脩館に掲げられた学則は、朱子学を規範として藩士の忠孝道義を説いたもので、藩士子弟らはこの学則のもとで勉学に努めた。はじめは広く藩士のみならず町人・神官・僧侶なども入学したが、次第に上級藩士による下級藩士以下への軽蔑が顕著となり、下級武士の入学が減り、上級藩士専用の教育所のようになっていった。

進脩館出身者の活躍

藩校進脩館で学んだ藩士の中からは、村上玄水のような西洋医学を志した医師のほかにも、幕末・維新に深くかかわる学者や思想家も多く輩出した。まず代表的な人物は、福澤諭吉の師となる白石照山であろう。照山は文化十二年（一八一五）に藩士久保田武右衛門の長男として生まれ、白石家の養子となった。はじめ進脩館にて野本白巌に古義学を学び、頭角を現し藩校の督学として勤めるようになった。天保九年（一八三八）には江戸に行って幕府儒官古賀侗庵に師事して昌平坂学問所に入学した。江戸滞在中、多くの儒者と交わる中で、福岡藩儒亀井南冥の著書に触れ、亀井学に心酔していったという。

照山は天保十四年に中津に帰り、私塾晩香堂を開学し子弟教育にあたった。この頃、照山の塾に入門し、漢学を学んだのが福澤諭吉である。

藩での照山の身分は徒士であり、藩は本来足軽の職務である城門警固役を徒士の職とし、照山に就かせようとしたため、照山は憤慨して藩に激しく訴えた。しかしそれが認められないばかりか追放の身となってしまう。照山は臼杵藩の月桂寺徹禅禅師を頼り臼杵に住んでいたところ、徹禅の推挙によって臼杵藩の藩校学古館の教授に登用された。そしてのちに照山は藩政改革にも参画し、その実力を発揮したのである。その後、四日市郷校の教授に就任、明治二年（一八六九）、進脩館教授として中津藩に迎えられた。

照山の師野本白巌は『海防論』を著し国防強化を論じたが、照山もまた、軟弱な外交姿勢の幕府を糾弾し、国権の確立を強調していた。後年、福澤諭吉が『国権論』を著すが、照山は福澤のいう西洋文明の克服とそれによる一国の独立が、

白石照山

我が国の文明開化となるという主張を高く評価し、「国権論跋」を書いている。

渡辺国学と道生館

進脩館では国学も教えられた。その教授が渡辺重名《しげな》である。国学は『万葉集』や『古事記』といった我が国の古典を研究し、それにより文化や精神・思想を確立していく学問であり、賀茂真淵・本居宣長・平田篤胤らによって発展をとげた。重名は宝暦九年（一七五九）に古《こ》表《ひょう》神社《じんじゃ》の神官渡辺家に生まれ、京都にて漢学を学び、天明二年（一七八二）、伊勢にて荒木田《あらきだ》久老《ひさおゆ》に入門し国学を学んだ。そして、久老の紹介で本居宣長に師事して本居十哲に数えられた。

天明八年、重名は中津に帰り私塾を開いて国学を教授し、藩主昌高にも国学・神道を説いていたことで、進脩館の国学教授に任命された。重名の国学は子の重《しげ》蔭《かげ》、孫の重春《しげはる》・重石丸《いかりまる》に引き継がれ、渡辺国学として幕末の志士たちの思想の源流となっていった。

孫の重春は天保二年（一八三一）に生まれ、中津藩儒手島物斎《てしまぶっさい》に漢学を学び、祖父重名より国学を学んだ。平田篤胤の子の銕胤《かねたね》の門弟となり、中津に帰ると、豊前風土記ともいえる『豊前志』の編纂に力を注いだ。

重春の弟の重石丸は天保七年に生まれ、やはり手島物斎に漢学を学んだ。また、

渡辺重名

宇佐に隠棲していた野本白巌に師事して学問を修め、海防策などの経世学も学んだという。そのため兄よりもやや過激で国体維持の重要性をもった国学研究に没頭していく。安政元年（一八五四）、中津桜町に私塾道生館を開いて、下級藩士の子弟に国学を教授した。この中には、のちに中津にて草莽《そうもう》思想のもとに活動する増田宋太郎や柳田清雄《すがお》、朝吹英二、川村矯一郎《きょういちろう》などがいる。道生館は明治二年（一八六九）に重石丸が京都皇学所御用掛・講官に任じられて上京したと同時に閉校となった。

渡辺国学は中津藩の尊皇攘夷の志士たちにとってのイデオロギーとなり、その性格は後にみるようにテロリズム的主義を含んだものであった。その思想はいわゆる草莽の国学であり、下級士族や町民・農民に受け入れられていったのである。

道生館

③ 耶馬溪の景観と文化人

頼山陽が耶馬溪と命名した奇岩・奇峰の景観は、古くから世に知られ、詩に詠まれてきた。江戸時代になり、交通網が発達すると、景勝地として多くの人々が訪れるようになる。その景観は、青の洞門の開鑿や頼山陽の入溪によって日本中に知られるようになった。

江戸時代の紀行文

中津藩の領内には、山国川の上流の谷筋に峻険な岩峰《がんぽう》が重なり合って聳《そそ》り立つ耶馬溪という景勝地がある。耶馬溪という名は文政元年（一八一八）にこの地を訪れた頼山陽がつけたもので、山国谷の中国風の呼び名であるという。

しかし、頼山陽が紹介するより以前に、多くの人々によってその景勝が優れていることは知られていたようである。その早い例は、応安四年（一三七一）に京都東福寺住持高庵《こうあん》芝丘《しきゅう》によって撰文された羅漢寺の縁起である『豊州羅漢窟記』に書かれた「千巌競秀如剣如戟、萬壑争流奏瑟奏琴」（千の岩が剣や戟《ほこ》のように秀を競い、万の谷を瑟や琴を奏でるように流れが争う）という詩であろう。相国寺《しょうこくじ》の住持であった絶海中津《ぜっかいちゅうしん》も「豊州羅漢寺舎利塔銘」にて「睍山石起伏壊

羅漢寺

奇」(山石の起伏の壊奇なるを睨て)とその景観を叙述している。ただし彼らは実際に情景を目にしたわけではなく、羅漢寺の僧からその様子を聞き、詩文的に表したようである。

このように耶馬溪の景観は、はじめは羅漢寺の代名詞として使われていたようである。江戸時代にも羅漢寺を訪れた旅人がその紀行文に書き留めている。元禄七年(一六九四)、福岡藩の儒者であった貝原益軒は、黒田家の史跡調査のため下毛郡を訪れ、山国谷について「立岩多く景甚だよし」と賞している。途中、のちに競秀峰《きょうしゅうほう》と呼ばれることになる岩峰については「羅漢より五町ばかり前、左の方川に近き所、大岩の数十そばだてる所あり。その高さ十数間、あるいは八、九間あり。他邦にていまだ見ざる所なり」と書いており、やはり、ほかにはない景色だと驚いている。

江戸浅草寺の僧金龍敬雄は羅漢寺の住持無学和尚と昵懇の中であり、明和四年(一七六七)、その十数年前に完成した青の洞門と開鑿者である禅海和尚について、記念碑の撰文を依頼され、「山陰鑿道碑文」を著した。その中に、高庵芝丘の『豊州羅漢窟記』にあった「千巌競秀・萬壑争流」の詩を引用して、洞門が穿《うが》たれた岩峰を「競秀峰」、その下を流れる山国川を「争流川」と名づけている。

その後も多くの旅人が羅漢寺参詣を目的に山国谷の景を観ている。天明三年(一七八三)に訪れた地理学者古川古松軒は「左右は大山連々とし、何の嶽何の洞

青の洞門と競秀峰

など称して、嶮山数峯、目を驚かす事なり」と『西遊雑記』に記した。

享和二年（一八〇二）に訪れた尾張の商人菱屋平七もその旅行記として『筑紫紀行』を著している。『筑紫紀行』はかなり詳細な日記で、中津城下には番所があり旅人は入れないこと、往来途中に茶屋のあること、宇佐神宮・彦山・羅漢寺などの寺社を参詣した様子などが事細かに描写されている。羅漢寺の下の宿では「家にいとも頑しき老婆ありて喧しくわめきちらす事秋蟬より甚だしく、襖隔ててきき居も心安からず覚ゆ。されど娘の出来て給仕したるが、極めて美麗なるに少し心も慰みたり」と思わず笑みがこぼれるようなエピソードも載せられている。

最後に紹介するのは藩校進脩館創立者の倉成龍渚である。龍渚は寛政六年（一七九四）、画員を連れて羅漢寺を訪れ、その情景を叙述した『耆闍窟山記《ぎしゃくつせんき》』を著した。その冒頭には「世間の山水を観るにいまだかつて我が学ぶ所のごときをみざるなり。……豊前の諸山を観るに及んで初めて画法の虚説にあらざるを覚ゆ。耆闍窟山のごときに至りては、すなわち又画法のよく尽くすべきにはあらず」とあり、つまり、全国の山水をみたが自分が学んだような中国の山水はないものと思っていたが、豊前の耆闍窟山を観たことで初めてそれが実在するものとわかったと述べている。先にも紹介した通り、龍渚はこの文を江戸の儒者仲間に見せており、細井平洲などが讃を寄せているのである。この頃には豊前山国谷の景勝は全国に知られるようになっていたと思われる。

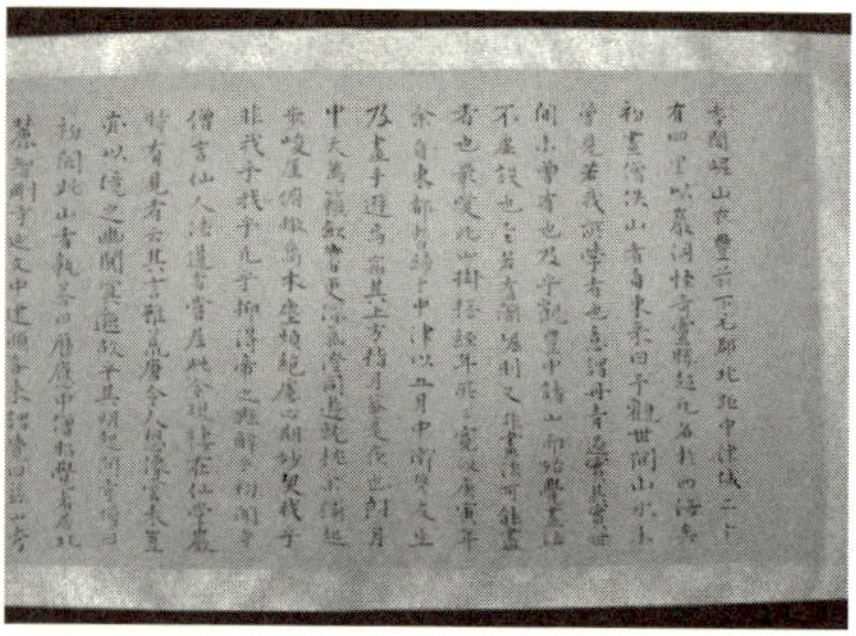
『耆闍窟山記』

青の洞門

「いざ、実之助殿、約束の日じゃ。お切りなされい」――これは大正八年（一九一九）に発表された菊池寛の小説『恩讐の彼方に』のクライマックスシーンである。……主君三郎兵衛を殺し、その罪滅ぼしのため出家し全国を行脚する行者となった了海は、諸国を渡り歩いたのち、豊前国羅漢寺を詣でんと山国川の渓谷にさしかかった。ところが、羅漢寺の手前、絶壁の中腹にかかる丸太を鎖で連ねた鎖渡しという難所にて、多くの人々が落ちて死んでいることを聞き、この絶壁に鑿道《さくどう》を掘ることを発願した。鑿鎚《のみつち》のみで岩を掘り、苦節十九年、手伝いの石工も増え、工事も九分ほど終えたところで一人の青年が了海のもとを訪れた。かつて自らの手で殺した主君三郎兵衛の子実之助である。実之助は親の仇と了海に斬りかかったが、了海と共に作業をしていた石工が「了海様を何とするのじゃ」と止めに入った。事情を聞いた石工たちは一寸の穴でも向こう側へ通じた時は了海を討たせようと約束し、実之助もこれを承諾した。少しでも早く通じればと、しまいには実之助自身が開鑿の作業を手伝うようになり、次第に了海への怨みなどは忘れられ、大願成就の志をもつようになっていた。了海と実之助が出会って一年六カ月、了海が振るった鑿の先に一筋の月光が差し込んだ。涙を流し了海の手をとる

青の洞門入り口

青の洞門

実之助に、了海がかけた言葉が冒頭の台詞《せりふ》である。実之助には彼を殺すことはできず、二人はそこにすべてを忘れて、感激の涙にむせび合うのであった。……これが『恩讐の彼方に』のあらすじである。この小説の舞台となったのが青の洞門であり、主人公了海のモデルが実際に洞門開鑿の偉業を成し遂げた禅海和尚である。

禅海は先祖が越後高田の出で、本姓を福原氏という。江戸は浅草の住人であり、回国行者となって諸国行脚を行っていた。豊後由布院興禅院にて受戒し、曹洞宗の禅僧となったようである。正式には真如庵禅了海と号している。そして享保九年（一七二四）、豊前羅漢寺参詣の途中、山国川の岸に架けられた桟道である青の鎖戸からたびたび人馬が落ちて溺死するという話を聞き、川沿いの岩場に鑿道を掘り抜くという大願を立てた。

なぜこのような難所であったのかは、実は小笠原氏時代のある工事に原因を求めることができる。それは元禄二年（一六八九）に完成した荒瀬井堰だ。詳しくは「三代藩主長胤と荒瀬井堰」のところで述べたが、下毛の台地に配水するために造られた荒瀬井堰は山国川の流れを堰止め、それまで徒歩で渡れていた川縁は深い淵となり通ることができなくなっていた。そこで、岩壁に架けられたのが丸太を鎖で連ねた桟道「鎖戸」であったわけである。

禅海は藩主奥平昌成に洞門開鑿の許可を得て、近郷の村々を廻り勧進によって資金を集めた。そして自ら鑿鎚を振るい洞門の開鑿に着手したのである。古川古

禅海和尚
（耶馬溪風物館蔵）

松軒の『西遊雑記』には禅海が掘った洞門の様子について「青村という所より十四、五軒川下に穴道あり。その地を曾木村と称す。嶮山川をおおいて通行すべきみちなかりし所を、今年より四十年以前、江戸浅草辺りの六十六部の善海といいしもの来たりて、山の穿抜きやすき事を見、この近郷を勧化し、石工を雇い、東の穴道百二十余間、高さ一丈、横幅九尺、所々にあかりとりの窓を明け、通行のなるようにせし道なり。西の穴道は僅かに三間ばかり。それよりこの穴道を往来せし者は、一人にて四文、牛馬には八文づつとりし」と書いており、人は四文、牛馬八文という通行料をとっていたことがわかる。この通行料は開鑿工事の資金にあてていたようで、禅海は洞門完成後、すべて羅漢寺に寄付している。

三十年の年月をかけて、宝暦三年（一七五三）、全長三四二メートル、そのうち、隧道《ずいどう》部分一四二メートルの洞門は竣工した。禅海は洞門の完成後、羅漢寺の末寺智剛寺の付近に庵と墓所を与えられ、安永三年（一七七四）八月二十四日、この地で没した。洞門は山陰の鑿道と呼ばれて人々が往来する主要な道路としてのちのちの世まで利用された。

頼山陽の入溪

山国谷の景観が頼山陽によって「耶馬溪山、天下無し」と賞され、世の中に

禅海墓

紹介されたのは文政元年（一八一八）のことであった。頼山陽は安永九年（一七八〇）に儒学者頼春水の子として大坂に生まれた。翌年、父春水は広島藩主浅野重晟《しげあきら》に見出され広島藩儒として招聘された。山陽は名を襄、字を子成といい、初め柴野栗山《りつざん》に朱子学を学んだ。十八歳の時に江戸に出て尾藤二洲《びとうじしゅう》に経世論や史学を学び帰藩するも、脱藩して大坂に出たため、引き戻されて自宅幽閉となる。この幽居生活中に山陽の学問の基礎はでき上がったといい、『日本外史』や『新策』『日本政記』を著している。

文政元年、山陽は九州遊学を果たし、その途次、豊後竹田にて田能村竹田と親交を深めた。その後、日田に入り初めて広瀬淡窓《たんそう》を訪れ交流を結んだのち、熊本・久留米を旅行、ふたたび日田に戻り、そこから豊前に向かった。日田を出て、守実からは山国川沿いの街道を歩く。山陽の目に映ったのはまさに山水画の世界であった。その風景に驚嘆しながら、中津に入り、田能村竹田に紹介された正行寺《しょうぎょうじ》の末広雲華《すえひろうんげ》を訪ねた。雲華との歓談の中、山陽は道中で見た山国谷の岩峰の風景をしきりに賞賛したので、雲華はそんなに言うのなら、世に名がある羅漢寺や仙巌山を見ればさぞかし感動するであろうと、翌日ふたたび山国谷を案内した。しかしその風景を見た山陽は、仙巌山は水がなく、羅漢寺は人工のものだとして賞さなかった。「山は水を得ざれば生動せず、石は樹を得ざれば蒼潤ならず」。山陽が驚嘆したのは自然の美であった。山陽は帰路につく前にふたたびあの景色をと、上流の柿坂に行き酒を飲みながら滝のかかる岩峰を眺めた。この岩峰は擲筆峰と呼ばれ、山陽がその見事な景観に自分の筆では書くことができないと筆を投げたといわれている。

広島へ帰る海路にて、山陽は遠ざかっていく豊前の山々を見てその別れを惜しんでいる。そして帰国後、その景観を水墨で描写し詩文を合わせた『耶馬溪図巻』を完成させ、天下に耶馬溪の名を広めたのであった。

山陽の入溪は中津藩の文人たちにとっても良い刺激になったようで、山陽を山国谷に案内した末広雲華や、同じく案内をした曾木墨荘は山陽の帰国後も、田能村竹田らと交流を深めてお互いに詩を送り合っている。曾木墨荘は下毛郡曾木組大庄屋曾木家の生まれであるが、庄屋職を継ぐのを嫌って、中津藩儒の野本雪巌などに漢学を学び、そのかたわらで絵も学んだ。墨荘はのちに上毛郡岸井手永《てなが》の大庄屋となっている。もう一人、山陽を迎えた人物として田中信平、通称田信《でんしん》がいる。書画・骨董を好み、自身も書・画・篆刻《てんこく》などを嗜んでいた田信は、山陽を手厚く歓待し、趣味であった料理を振る舞ったという。

「耶馬溪図巻」
（頼山陽記念文化財団蔵）

城下町の火災

享保三年（一七一八）十一月十一日
殿町より出火。諸町・新魚町・京町の半分、新博多町・枝町の全部、島田村の過半数類焼。類焼二百三十四軒。

享保十九年（一七三四）十二月二十六日
古博多町出火。寺町に延焼。類焼百五十八軒。

宝暦五年（一七五五）七月十七日
鷹匠町出火。蠣瀬全焼。

同七年（一七五七）十二月二十七日
大塚村出火。類焼約二十軒。

同九年（一七五九）六月十七日
角木町出火。類焼四十三軒。

同十三年（一七六三）二月晦日
舟町出火。新博多町・古博多町・京町・塩町・古魚町・桜町に延焼。類焼二百八十一軒。町会所・銀札所焼失。

安永三年（一七七四）五月十四日
堀川町出火。類焼十九軒。

同七年（一七七八）正月七日
小祝浦出火。類焼約百軒。

天明元年（一七八一）六月十一日
角木町出火。類焼九軒。

同年七月
小祝浦出火。類焼約百軒。

同三年（一七八三）四月九日
舟町出火。類焼二十九軒。

寛政三年（一七九一）十二月二十九日
小祝浦出火。類焼約百五十軒。

同四年（一七九二）閏二月二十七日
新魚町出火。類焼七十八軒。

同年三月二十三日
殿町出火。類焼二十三軒。

文化四年（一八〇七）十二月
筑前領類焼三百四十五軒。

同八年（一八一一）十一月四日
小祝浦過半数焼失。

同年十二月二十九日
小祝浦出火。類焼約五十軒。

同十年（一八一三）十二月一日
鷹匠町出火。豊後町・中間町に延焼。類焼約百六十軒。

文政二年（一八一九）七月二十一日
龍王新浦出火。類焼二十軒。

同六年（一八二三）三月三日
筑前領類焼百八十九軒。

同十年（一八二七）九月十一日
蠣瀬村出火。類焼百七十四軒。

嘉永六年（一八五三）二月二十三日
角木町出火。類焼九十六軒。

（『中津藩　風土と歴史』より）

領内の自然災害

享保七年（一七二二）正月
凶作。領内の餓死者多数。万松寺・松岩寺で施粥。
同十七年（一七三二）
雨害・干害・虫害。物成四六〇〇〇表、損毛八五五〇〇表。幕府から恩貸一〇〇〇〇両を受ける。
宝暦五年（一七五五）八月二十四日
大風。倒壊百二十軒。
明和二年（一七六五）八月二日
大洪水・凶作。損毛高七九〇〇〇表余。
安永三年（一七七四）正月
流行病死者中津町にて二百六十七人。
同七年（一七七八）七月二十五日
大風雨。潰れた家二百九十六軒。
天明四年（一七八四）
凶作。飢民約四千人に給米。
同六年（一七八六）八月二十八日
大風雨・凶作。損毛高八四五〇〇表余。
寛政四年（一七九二）七月
洪水・凶作。損毛高五二五〇〇表余。
同七年（一七九五）秋
虫害・凶作。損毛高四〇七〇〇表余。
享和三年（一八〇三）
虫害・凶作。損毛高三二五〇〇表余。
文化十三年（一八一六）八月
旱魃。損毛高七九七〇〇表余。
文政十一年（一八二八）七月二日
大風雨・洪水。死傷者百二十人。
同年八月十日
大風雨。潰れた家五百軒。
同年八月二十四日
大風。小祝宇島漁師六百人、新浦漁師十人余溺死。
天保九年（一八三八）秋
虫害・凶作、損毛高七五〇〇〇表。
嘉永三年（一八五〇）
大風・洪水・凶作
安政五年（一八五八）七月
コロリ病流行。死者中津町約二百人。

（『中津藩　風土と歴史』より）

これも中津

中津藩人物伝

島田虎之助

島田虎之助は江戸後期の剣術家で、「男子の本懐、剣にあり」と九州各地を剣術修行した。のちに江戸に出て幕末三剣豪の一人に数えられる。「剣は心なり」の精神のもと、男谷信友《おたにのぶとも》の道場で免許皆伝を受け、浅草に直心影流の道場を開き、勝海舟などに剣を教えた。

片山東籬《とうり》・大西圭斎

中津藩の画員として片山東籬と大西圭斎がいる。片山東籬は円山応挙に学び、花鳥山水をよくした。倉成龍渚と親交が厚く、また、村上玄水の解剖図は写実性をもっており、東籬が描いたものである。

大西圭斎は江戸の生まれで、谷文晁に師事したという。画をもって中津藩侯に用いられ、中津にも来住し、多くの作品を残した。

川村矯一郎

嘉永五年（一八五二）に中津に生まれ、渡辺重石丸に国学を学んだ。増田宋太郎らと国事に奔走したが、明治十年（一八七七）、立志社の獄に連座して静岡県の監獄に投獄された。獄中で監獄改良・釈放者保護を志し、出獄後に金原明善と共に勧善会を興した。その後、静岡県出獄人保護会社を設立し、県下一円に更生保護施設を設置した。

小幡英之助

小幡篤次郎の従弟で、慶應義塾に洋学を学び、のちに横浜で歯科を学ぶ。第一回の開業医免許試験に合格し、国内初の歯科医師となった。近代歯科の先駆者である。

朝吹英二

中津宮園村の大庄屋の子として生まれ、渡辺国学を学び尊皇攘夷に奔走、福澤諭吉の暗殺を企てるが転向し、福澤の慶應義塾に学ぶ。三菱商会に入社、三井財閥に転じて以後、三井系諸会社の重職を歴任した。福澤門下の三大実業家に数えられる。

第五章 幕末の動乱、そして近代へ

日本近代化の父・福澤諭吉を生んだ幕末の中津藩。

1

激動期の中津藩

開国後、尊皇攘夷運動が激化した長州藩に対し、幕府は長州征伐を決定した。中津藩にも出兵命令が下り、付近の防衛に努めた。しかし、その藩内にも尊皇攘夷の思想は広がっていたのであった。

江戸後期の中津藩主

「蘭癖《らんぺき》大名」こと中津藩奥平家五代藩主昌高は、安政二年（一八五五）に七十四歳で江戸藩邸において没した。すでに文政八年（一八二五）、自身が蘭学研究に励むため嫡男の昌暢《まさのぶ》に家督を譲っていた。

昌暢は文化六年（一八〇九）正月に生まれ、天保三年（一八三二）十一月晦日にまだまだこれからという二十四歳の若さで逝去した。昌暢が危篤の時、城下町は騒然としていたらしい。同月十五日に江戸より昌暢重病の報を伝える飛脚が到来した。その夜九ツ半に町年寄が城中に召されて藩主の危篤であることが伝えられた。城下では町中にて協議が行われ、平穏の祈願をしたいという旨が届けられた。その内容は各町において祈禱や千度参り、裸参りを行って祈願するというもので

奥平昌暢（自性寺蔵）

あった。町民側からこのような申し出があったということは、昌暢が善政を敷いていたということであろうか。町民の願いは届かず、昌暢は同月晦日に逝去し、十二月十三日にその報が中津城下に届けられ、祈願停止の達しがあった。領民は諸事を謹んで一年間、喪に服したという。

昌暢の跡を継ぎ、七代藩主となった昌猷《まさみち》は、五代昌高の五男として文化十年に生まれた。兄昌暢の逝去の翌年、天保四年に兄の養子として家督を継いだ。天保五年、昌猷は藩政改革のため茶坊主であった黒沢庄右衛門を元締勘定人小頭に抜擢した。黒沢はまず、藩札の立て直しを行い、藩札に藩の印を押した加印札《かいんさつ》を発行して価格保証をした。次に米会所を設置し、米の売買に新札のみを通用させ藩札の信用度を高めた。天保九年には撫育会所を設置して、下級藩士や町人の救済を図った。これら黒沢が打ち出した改革を天保改革と呼んでいる。

しかし、改革半ばの天保十三年九月十七日、昌猷は急逝した。奥平家中津藩主で唯一、中津城内にて逝去した人物であった。兄昌暢もそうであったが、父昌高がいまだ存命中の死である。城下にて盛大な葬儀が執り行われた。領内には二四カ条の御停止《ちょうじ》が掲げられ、皆謹慎して喪に服した。葬儀は二十七日、菩提寺自性寺で行われることとなり、五ツ半の刻《とき》に城内を出棺し、葬列は西門を出て諸町・新魚町を通り、自性寺に到着した。道筋の民家は白幕を張って敬弔の意を表したという。墓所は自性寺本堂の南に造営されたが、その資金は惣町中が加勢を申

奥平昌猷（自性寺蔵）

自性寺

し出ており、町年寄たちは献金を募って工事を進めた。

昌猷の跡を継いだのは、昌暢の遺児昌服《まさもと》であった。昌服は天保元年の生まれで、父が逝去した時は幼少であったため家督は継げなかったが、天保六年に叔父昌猷の養子となり、八代藩主として封《ふう》を継いだ。藩政の実権は祖父昌高が握っていたが、安政二年（一八五五）に昌高が逝去すると、西洋の軍事事情や砲術に明るかった奥平壱岐を家老職とし、外国との交易による富国強兵を目的とした開国論を主張した。安政三年には高瀬川（山国川）河口の三〇〇間の突堤上に砲台を建設している。文久三年（一八六三）には奥平壱岐の勧めで幕末四賢侯の一人、宇和島藩主伊達宗城《むねなり》の三男義三郎を養子として迎える。この義三郎が中津藩最後の藩主九代昌邁《まさゆき》である。そして中津藩は、のちに幕末と呼ばれる動乱期を迎えることとなる。

奥平昌猷墓

幕長戦争と中津藩

安政五年（一八五八）、井伊直弼《なおすけ》はアメリカの強硬な姿勢に圧され、勅許を待たずに日米修好通商条約を締結した。これを契機にして、違勅調印に対する反対運動が高まった。違勅に対する尊皇論と条約調印に対する攘夷論が結びつき、反幕運動としての尊皇攘夷運動が激化した。幕府は調印反対を唱える尊皇攘夷論者に対して弾圧を加えたが（安政の大獄）、安政七年に桜田門外にて井伊直弼が暗殺されると、攘夷運動は一層激しいものとなっていった。文久三年（一八六三）、この年は尊皇攘夷運動のピークであるといえ、京都では尊皇志士らによる天誅と称する暗殺行動が頻発した。尊皇攘夷派の中心であった長州藩は、五月二十日、下関を通過したアメリカ・フランス・オランダの商船を無通告で砲撃、攘夷の軍事行動を決行した。しかし、六月にその報復としてアメリカ・フランスの艦隊が下関に停泊中の長州藩の軍艦を攻撃し、壊滅的な損害を与えた。これにより欧米列強の桁違いな軍事力を知ることとなった長州藩であったが、攘夷の勢いは衰えることなく、今以上の強い姿勢と軍隊が必要であるとし、高杉晋作らは民衆から集めた奇兵隊を組織し、また、下関の砲台を増設し守備を固めた。これほど攘夷運動が活発であったのである。

一方、薩摩では七月二日、鹿児島湾に生麦事件の賠償を求めたイギリス艦隊が侵入し砲撃、薩摩藩と交戦した。イギリスとの戦闘によって近代兵器を目の当たりにした薩摩藩は、イギリスと和平を結び、一転、開国討幕の政治思想が生まれることとなった。京都では三条実美《さねとみ》や姉小路公知《あねがこうじきんとも》ら攘夷派の公卿が朝廷の実権を握り、長州藩を中心とした攘夷派藩士らも朝廷に影響力をもっていた。

八月十八日、会津藩と薩摩藩の公武合体派は、会津藩主で京都守護職でもあった松平容保《かたもり》と申し合わせ、クーデターを決行した。十八日未明、両藩兵が九門警固にあたっていた中、公武合体派の公卿のみを参内《さんだい》させ、攘夷派の公卿と長州藩を京都から追放したのである（文久三年八月十八日の政変）。京都を追われた長州藩勢力は、翌元治元年（一八六四）七月、松平容保らの排除を目指して挙兵、会津・薩摩両藩の兵と蛤《はまぐり》御門付近で戦うも敗北した（禁門の変）。これをきっかけに長州藩は朝敵となり、第一次幕長戦争が行われるのである。

朝廷は禁門の変で長州藩が御所に向けて発砲したことを理由に、長州藩追討の勅命を幕府に下した。幕府は前尾張藩主徳川慶勝を総督、薩摩藩士西郷隆盛を参謀に任じ、三六の藩を動員して広島に軍を進めた。譜代の中津藩にも長州に近いとのことから先陣として出撃せよとの命が下った。藩主奥平昌服《まさもと》は率先して一二五〇人の兵を統率して出陣、豊前の黒原《くろばる》まで兵を進めた。当時、中津藩でも渡辺国学の影響から、尊皇攘夷論を唱える者が多く、長州との戦いについて意見が分かれたという。結局、この時の戦争は長州藩の撤兵によって血を流すことなく収束した。

慶応元年（一八六五）、長州藩では高杉晋作らが保守派政権を倒し、討幕派政権が成立した。高杉らは奇兵隊を中心に軍隊を組織し、西洋式の軍制や新型兵器を導入、また、大村益次郎の指導で歩兵運用などの軍制改革を進めた。長州藩を脱却した長防士民国という独立国家を樹立するための長防士民合議書を印刷し領民すべてに配布している。これにより幕府はふたたび長州征伐を決め、第二次幕長戦争に突入する。慶応二年六月七日、戦闘の火蓋は切られた。四面戦争といわれるように、長州は四方から幕府・諸藩連合軍に攻め込まれた。しかし、その直前、密約として薩長同盟が結ばれており、薩摩は幕府の要請を拒否した。近代兵器導入を行っていた薩摩の不参加は幕府軍に決定的な敗因を作ったといっても過言ではない。また、小倉口総督に任命されていた老中小笠原長行による統率不足も敗因となった。戦闘は小倉口を中心に繰り広げられ、中津藩にも上関《かみのせき》への応援命令が下った。藩主奥平昌服は軍艦と兵を整え、豊後竹田津より出航しようとしていたが、そこに長州軍艦による豊前田浦への攻撃の報が届いた。昌服は計画を変更し、中津防備のため今津浦に転陣した。七月、小倉の大里まで長州の軍勢は及び、いよいよ中津城付近の海岸防備に努めた。八月、小笠原長行への不信により肥後細川軍は撤退した。同時に将軍家茂《いえもち》の急逝が報じられ総督であった小笠原長行本人も長崎へ撤退。小倉藩の負けは決定的となり、小倉城を守っていた城代家老らは自ら城に火をつけ、徹底抗戦を決行した。

中津藩は小倉藩との境である小犬丸まで防衛線を広げ、同時に幕府老中に上訴し、豊後諸藩の援護をもとめた。長州からも使者が来て、長州藩に協力するよう求めている。藩境にて緊張状態が続いたが、慶応三年正月十二日、孝明天皇の崩《ほう》御《ぎょ》をもって解兵令が出され、第二次幕長戦争は終結した。中津藩は小倉の隣藩でありながら、領内の防衛に終始し、積極的な長州征伐の姿勢はとっていない。藩内には攘夷派の藩士も多かったため、藩としての行動が制限されたものと思われる。藩内にも国学の影響を受けた尊皇の志士らが暗躍し始めていた。

木の子岳事件

慶応元年（一八六五）、下毛郡落合村（現・中津市本耶馬渓町落合）妙見宮の神主であった高橋清臣《たかはしきよおみ》は木《き》の子岳《こだけ》の山荘にて討幕挙兵の計画を立てていた。高橋は文久三年（一八六三）の政変の際、長州落ちした三条実美に従っていた人物である。安政四年（一八五七）に初めて木の子岳山荘を造り、討幕の計画を立案するため、近隣の勤皇の志士たちが出入りした。山荘の門柱には

下濁る世にうきすみの隠れ家は鶯ならでとふ人もなし
事しあらばふたつの魂ととりはきて君の御楯となりましものを

という和歌がかけられていたという。

慶応元年十二月十七日、山荘に集まった志士は青木武彦、佐田秀《さたひずる》、長三州、柳田清雄《すがお》、原田七郎ら宇佐や日田の同志たちであった。高橋らの計画はまず日田布政所《ふせいしょ》★を襲撃、郡代の窪田治部右衛門を誅殺したのち、宇佐神宮の奥の院である御許山《おもとさん》にて討幕決起の旗を立てて豊前・豊後の志士らに号令するというものであった。しかし、翌年、計画は密告により露顕《ろけん》し、窪田が募った農兵隊「制勝組」

▼布政所
天領の代官所。

が木の子岳山荘を急襲、挙兵は失敗した。高橋はこの時、攘夷派の公卿である花《か》山院家理《ざんいんいえのり》を豊前に迎えるため、同志の連判を持って出発しようとしていたところであった。高橋と原田七郎は逃亡し安心院の山小屋に潜伏していたが、密かに中津を出航し、京都に向かった。しかし、密航を察知され大坂にて捕縛。奉行所に監禁され拷問を受けた。そして日田へ送還される途中、海に身を投げて死んだとも焼き殺されたともいわれている。木の子岳事件と高橋らの死は豊前の志士たちへの刺激となり、佐田秀らの御許山騒動に発展する。

悲劇の挙兵「御許山騒動」

木の子岳事件で離散した豊前の志士らの多数は長州に渡って報国隊に身を寄せた。彼らは高橋らの遺志をついで、御許山挙兵の機会をうかがっていた。慶応四年（一八六八）正月十四日、報国隊を脱走した約六〇名が花山院隊を称して、豊前四日市代官所を襲撃した。中心となっていたのは、木の子岳山荘に出入りしていた佐田秀、下村治郎太、桑原範蔵《くわばらはんぞう》（福岡藩脱藩）、平野四郎（長州藩脱藩）らである。矢田宏《やだひろし》(別府)、島田虎雄（中津藩）らは花山院を迎えに久賀島へ向かうが、花山院隊幹部の藤林六郎（福岡藩脱藩）、小川潜蔵《おがわせんぞう》（秋田藩脱藩）は動きを長州藩に察知され捕縛されている。

四日市代官所の急襲に成功した佐田ら花山院隊は大砲や武器を強奪し、代官所を預かっていた加藤嘉一郎は東本願寺別院に籠もっていたため、花山院隊は寺にも火を放った。四日市代官所を制圧した佐田らは意気揚々と御許山に向かって陣を張り、錦の御旗を掲げて近隣諸藩の志士らに檄を飛ばした。別動隊が日田布政所を襲撃し、木の子岳事件で捕縛されていた志士らを救出、郡代窪田治部右衛門は命からがら肥後へ逃亡した。

翌十五日、御許山での勤皇挙兵の報を聞いた中津藩は、藩境の笠松村に二隊を出兵し守備にあたらせた。しかしながら、長州藩を後ろ盾にした挙兵という風評に悩まされ、動けずにいた。十六日、花山院隊は中須賀（現・宇佐市中須賀）の幕府蔵を襲い、蔵米を奪うと山に運んで戦闘に備えた。二十日、脱藩の罪として長州藩が花山院隊の討伐に動く。豊前宇島に報国隊一隊と長州藩軍一隊が上陸、中津藩に大砲を借り、四日市に進駐し西本願寺別院を陣とした。そこで花山院隊に対して、無勅許の挙兵であること、長州藩の名をかたったこと、脱藩の罪を犯したことを糾弾した。佐田秀と平野四郎は代表として長州との会議に及んだが、和解できずに決裂。佐田はその場で斬殺され、平野は切腹して果てた。すぐさま長州藩による御許山掃討戦が行われ、総裁桑原範蔵らが抵抗するも、桑原は戦死し、御許山は陥落した。盟主に担ぎ上げられた花山院も御許山挙兵が起こった正月十四日に迎えにきた矢田らと共に長州藩に捕らえられて京都に護送されている。

花山院隊は脱藩浪士を中心に農民や町人などの草莽によって結成された隊であった。脱藩の罪により長州藩に討伐された草莽の隊は勤皇の志をもちながら、偽官軍として「四日市強盗」の汚名まで着せられ弾圧されたのである。

明治維新と最後の藩主奥平昌邁

〝悲劇の挙兵〟となった「御許山騒動」であったが、御許山の志士たちは長州藩士の援軍の到来を心待ちにしていた。勤皇のため、必ず蜂起するだろうと希望をもっていた佐田秀らは、皮肉にも彼らの行動を暴挙とみなした長州藩によって討伐されたのである。

慶応三年（一八六七）十月十四日、将軍徳川慶喜《よしのぶ》は土佐藩の大政奉還の建白書をうけて、政権を朝廷に返上した。この大政奉還には、政権を返上するも、事実上は天皇の意を受けて慶喜自らが元首として政治を行うという幕府側の画策があった。同日、薩摩・長州は朝廷から討幕の密勅を入手し、討幕へ踏み切ろうとするも、それより先に大政奉還が行われたことにより、政権は朝廷へ返上されたため、いったんは延期したが、幕府を廃絶させるため朝廷内でクーデターの計画を練り、十二月九日、幕府・摂政・関白を廃止して総裁・議上・参議の三職を置くという王政復古を号令し、新体制を樹立した。このように中央ではすでに事実上の討幕が果たされて王政復古に踏み切っていたため、佐田らの行動は別派的で過激であり、長州藩や朝廷の方針に背くとして逆に討伐されてしまったのである。

王政復古の大号令により、旧幕府側と新政府側の衝突は避けられないものとなった。慶応四年正月、大坂城に居た徳川慶喜は薩摩討伐を表明して出兵、鳥羽・伏見の戦いとなる。朝廷では評議での決定により仁和寺宮嘉彰《にんなじのみやよしあきら》親王を征討将軍に任命し、錦旗を掲げたことにより、新政府軍は官軍となって旧幕府軍の討伐の大義名分を得たのであった。

奥平家は、徳川譜代の名門であったため当然慶喜の幕下に入る義理があったが、時代は新政府に移ろうとしていたことは明白であったため、その選択を迫られていた。そこで新政府に対して、慶喜の罪を許し寛大な処置をと嘆願書を作成して提出した。旧主への礼を尽くした上で新政府側に加わったのである。そして、鳥羽・伏見の戦い後の会津戦争にて新政府軍に参加し、会津若松城を攻撃した。

この最中、藩主昌服《まさもと》は病気を理由に隠居、家督は昌邁《まさゆき》に譲られた。昌邁は安政二年（一八五五）に宇和島藩主伊達宗城《むねなり》の三男として生まれ、奥平昌服の養子となっていたが、家督を譲られたこの時、わずか十四歳であった。

新政府軍に加わり、旧幕府軍追討の命を受けた昌邁は、大身山崎直衛を隊長として上下およそ一一五人の兵を向け、大総督有栖川宮熾仁《たるひと》親王の命令によって三島と二本松の関門を護《まも》った。それから甲府に転じて小田原に迫った。七月に江戸

奥平昌邁

に入り上野国今市口の防衛を命ぜられ、八月四日、今市に到着した。次に今津口の関門に進出して二十四日、安芸藩を援護して旧幕府軍と六峰口《ろっぽうぐち》で戦った。二十六日、全軍を二隊に分けて、山崎直衛が一隊を率いて日光へ、猪飼太兵衛がもう一隊を率いて会津城に進攻した。大内峠《おおうちとうげ》に至った時、大砲の音が聞こえたため、進んで火玉峠《ひだまとうげ》を陣とした。

九月四日、総軍監桐野利秋の命令で佐賀・今治の兵と共に本道より進んで敵を追い、会津城から半里ばかり離れた本郷村に野営した。五日、また進撃して会津城下に達したが、会津軍は強固な守りを固めており、中津藩兵は黒羽藩《くろばね》を援護して飯寺《にいでら》に移った。八日、会津軍が朝霧の中を突いて中津藩の陣を襲い、中津藩兵は防戦した。幸い薩摩と宇都宮の二藩の援軍があり、会津軍を退けることができた。十四日、新政府軍は会津城の総攻撃を開始、中津藩は薩摩藩の大砲隊に属して城の南門天神橋口に向かった。十九日、戦いは収まり軍監の命で日光に退いた。この戦いによる中津藩兵の死者は七人であったという。

会津戦争後、旧幕府軍は占領した箱館五稜郭にて新政府軍と戦い敗れて降伏した。鳥羽・伏見の戦いから始まる新政府と旧幕府の一連の戦争は戊辰戦争と呼ばれ、この箱館を最後に戊辰戦争は終結した。この間、慶応四年（一八六八）八月二十七日に明治天皇の即位の礼が執り行われ、九月八日には明治と改元された。

明治二年（一八六九）二月、昌邁は明治政府による大政一新の主旨に基づき藩制改革を行った。従来の家老職や年寄・用人を廃し、執政・参政の二職と大監察議員を設けて議事院を開いた。初めて選挙法を用いて、執政は大身中より、参政以下は一般中より選出した。人材は貴賤を問わず登用して、言論自由の道を開くべく目安箱を置いた。

六月、諸藩主と共に領地（版図《はんと》）と人民（戸籍）を朝廷に奉還し、昌邁は中津藩知事に任命された。明治三年十二月、中津城を「無用の城地」として朝廷に廃城を願い出て、翌年正月二十三日にこれが認められ、昌邁は三の丸の旧家老生《しょう》田《だ》邸に移った。

明治四年七月、廃藩置県が行われ、中津藩も廃止となり中津県が置かれた。昌邁は藩知事を辞任し東京へ移住、明治政府は新たに役人を知事として任命した。この藩体制の解体により明治維新は達成され、日本は近代国家へと歩み始めたのである。

生田邸跡に残る生田門

中津城古写真

2 近代社会の成立と中津隊の蜂起

藩は解体し、新政府による近代社会が成立した。
かつて、攘夷を唱えていた志士たちは国権の確立を主張して自由民権運動を展開する。
しかし、藩閥政治に不満をもった士族の反乱に呼応し、ふたたび武力蜂起した。

廃藩置県と行政改革

廃藩置県によって中津藩は解体し中津県となった。しかし、明治四年（一八七一）十一月の府県の統合によって、下毛郡・宇佐郡が豊津県・千束《ちずか》県などと共に統合され、小倉県が発足した。県庁は小倉に置かれ、中津には中津城内の松御殿に中津支庁が設置された。

支庁の下にははじめ五区の行政区分が設けられたが、最終的には県の区制が大区・小区制に編制された。中津を含む下毛郡は小倉県の第七大区となり、管轄を七つの小区に分け、大区に区長を置き、その下には戸長・副戸長が補佐役として置かれた。区長の職務は、地方行政の代表として県庁の命令によって区内の事務を行うことで、戸長・副戸長はこれを補佐することが定められていた。

明治新政府は行政の制度改革として、まず戸籍法を制定した。それまでの宗門改めのような国別の人口調査ではなく、全国一律の基準で姓名・住所・年齢・系譜・生死などを記録し、統一的に集計されたものが壬申《じんしん》戸籍である。

ほかにも改革として、藩札の廃止、全国共通紙幣の発行、道路整備、郵便事業、商業の活性化、学制の施行などさまざまな事業を進行して、近代国家へ変貌していった。中津でも福澤諭吉や小幡篤次郎《おばたとくじろう》らによって中津市学校が開校し、英語や西洋科学を教える英学の一流学校として発展している。

明治九年四月、ふたたび府県統合が実施され、小倉県は廃止、中津はいったんは福岡県に編入された。しかし、行政区分の問題や、地理的要件にて見直され、八月、中津・下毛・宇佐の地域は福岡県から分離され、大分県に編入されることとなった。この改編にともない、福岡県中津支庁は大分県中津支庁となり、支庁長には馬淵清純《まぶちきよすみ》が着任している。

明治十一年、「郡区町村編成法」「府県会規則」「地方税規則」の三新法が制定されて実施。大区・小区は廃止となり、県には郡町村がおかれることになった。大分県は一二郡となり、また、九町一八二八村に分かれ、下毛郡には中津市の前身となる中津町と、そのほかの六四カ村が発足した。

小幡篤次郎
（慶應義塾図書館蔵）

自由民権運動と増田宋太郎

明治八年（一八七五）、中津の地方民会である中津公会が発足して自由民権運動が盛んに行われるようになった。中津の自由民権運動の思想の源流は、福澤諭吉の文明開化思想と渡辺重名の草莽思想にあり、中津公会は福澤の思想の流れを汲んでいた。すなわち、地方自治や民主主義というものを一つの文明開化ととらえるもので、福澤が設立し、西洋科学などを教える中津市学校がその思想的な土壌となっていたのである。

一方、祭政一致を説いた渡辺国学の思想は、幕末においては志士たちが尊皇攘夷の思想の源流として掲げ、木の子岳事件や御許山騒動に繋がったことはすでにみてきた通りである。明治に入り藩閥政府によって西洋的な近代社会を実現する政策が展開していく中で、かつて攘夷を叫んでいた志士たちは外交上の不安を感じ、国権の確立を主張して政府を批判し、自由民権へ傾倒した。彼らは明治七年、政治結社共憂社を設立し、板垣退助の立志社などと交わって自由民権運動を展開した。この共憂社結成の中心にあったのが増田宋太郎である。

増田は嘉永二年（一八四九）、中津藩の下級藩士増田久行の長男として生まれた。福澤諭吉とは又従兄弟の関係にあり、母は渡辺重名の娘であった。そのため増田

増田宋太郎
（慶應義塾図書館蔵）

は、渡辺重名を継ぎ国学を教えていた渡辺重石丸《いかりまる》の門下に入り渡辺国学を学び、その思想のもと、尊皇攘夷を貫いた行動をとるようになる。重石丸の諌めで御許山騒動には加わらなかったが、文明開化を説く福澤の暗殺を企てたことがある。

増田は共憂社を設立すると、翌年、板垣の呼びかけにより、全国規模で結成された愛国社にも加わり、岡部伊三郎や川村矯一郎ら共憂社メンバーと共に奔走した。

明治九年十一月、大分県で最初の新聞である『田舎新聞』が発行された。最初の『田舎新聞』は自由民権の思想のもとに区戸長民選の要求を掲載しており、創立者は村上田長《でんちょう》、増田宋太郎、奥平毎二郎《まいじろう》、牛島春司らで、社長には村上田長、編集長には増田が就任した。奥平毎二郎は市学校の理事であり、牛島春司は同学校の教師であったことから、『田舎新聞』の発刊は共憂社メンバーと中津公会メンバーの合同設立によるものであったことがわかる。両者は区戸長民選という共通目的のもとに結集していた。彼らの自由民権運動の勢いに押されて、明治十年二月、県の当局は戸長民選を承認、翌年三月、民会規則を公布して議員全員を公選とした大分県会が設立されることとなる。

西南戦争と中津隊の蜂起

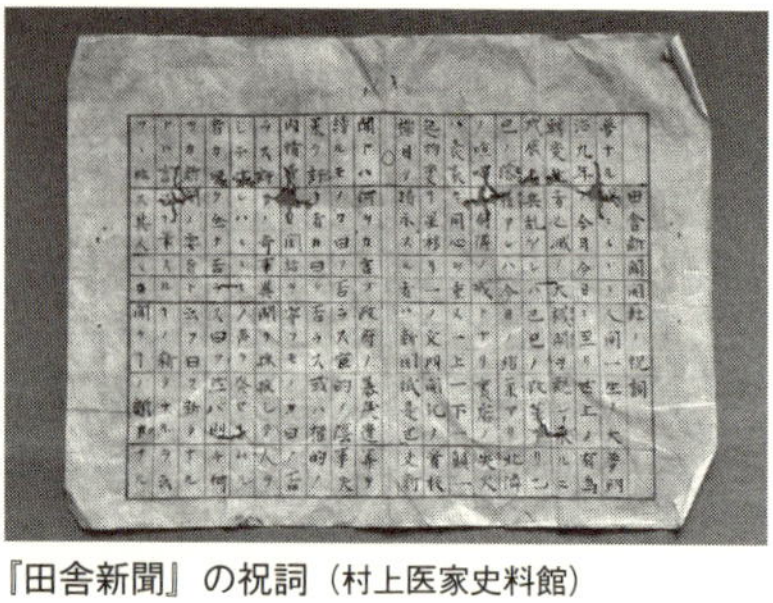
『田舎新聞』の祝詞（村上医家史料館）

田舎新聞

『田舎新聞』（村上医家史料館蔵）

「散切《ざんぎ》り頭を叩いてみれば文明開化の音がする」と謡われたように、明治四年（一八七一）、士族の断髪・脱刀を自由とする散髪脱刀令が発布され、それまでの武士の象徴である髷《まげ》と刀は必要でなくなった。明治六年には国民皆兵の原則に基づく徴兵令、同九年には軍人・警察以外の者の帯刀を禁止する廃刀令が発布されて、武士という職業は完全に消滅したのである。これに不満を爆発させたのが職を失った士族であった。征韓論を発端として起こった明治六年の政変によって下野した参議江藤新平が、故郷佐賀にて不平士族に擁立されて蜂起した佐賀の乱を皮切りに、熊本で神風連の乱、福岡で秋月の乱、山口では萩の乱といった士族の反乱が起こり鎮圧されていった。そして明治十年、征韓論で下野した西郷隆盛が鹿児島県の士族に擁立されて蜂起し、日本では最大の内戦と称される西南戦争が勃発したのである。

　中津にてこの西郷の挙兵に呼応したのが増田宋太郎であった。増田は士族の反乱が起こり始めた頃、鹿児島に行き、近衛陸軍少将を辞任し西郷と共に帰国していた桐野利秋と国事を論じており、この時に西郷挙兵の際は呼応することを桐野と盟約していたという。

　明治十年三月三十一日深夜、突如、中津城内の中津支庁に火の手が上がり、たちまち紅蓮《ぐれん》の炎が巻き上がった。実行したのは増田をはじめ、梅谷安良《うめたにやすよし》・後藤《ごとう》順平《じゅんぺい》を参謀とした同志六〇名で結成された中津隊である。中津隊は四隊に分か

中津隊の碑（中津城跡／中津市二ノ丁）

れて一隊は中津支庁長宅に向かい馬淵清純を襲撃、一隊は官員の堀兼元脩を襲撃、一隊は町内の豪商を襲い軍資金を調達、そして増田率いる本隊が支庁を焼き討ちしたのであった。

増田は中津の有志をはじめ豊前・豊後の民衆にあて、草莽決起の檄を飛ばし協力と支援を訴えている。中津隊は檄文を飛ばしながら宇佐方面に進軍したが、これに下毛・宇佐の農民が呼応して農民一揆が発生した。当時、農村に対しては全国画一的な地租を賦課するための地租改正が推進されていたが、旧藩時代から変わりない、場所によってはそれ以上の高額の租税を徴収されていた。また、地主から区戸長が選ばれていたため、その立場を利用した不正も起こっていた。これらに対する不平不満は全国でも噴出しており、多くの農民一揆が発生していた。下毛・宇佐の農民たちも不満をもっており、ここに中津隊の檄文が発せられて、それに同調したわけである。

中津では有志による臨時の会議所が設けられて、大分県当局と連携して治安維持と一揆の鎮静が図られた。県当局は増田の人相書きを流して、首謀者の逮捕を期待した。しかしその期待もむなしく、中津隊は鹿鳴越峠《かなごえとうげ》を越えて、別府でかつて木の子岳事件や御許山騒動にも加わっていた矢田宏《やだひろし》を同志に加え、大分県庁の攻撃へ向かう。県庁では警察隊との攻防が繰り広げられたが、攻略することができず占領を断念。中津隊は由布院から肥後へ抜け、小国《おぐに》・阿蘇を通り二《ふた》重峠《えとうげ》の西郷軍に合流した。その後、中津隊は西郷軍の一隊として各地を転戦し、めざましく活躍した。そして最後は西郷らと共に鹿児島の城山に籠城、激しい攻防の末、九月九日に増田は政府軍に捕らえられてその場所で斬首となったとされている。二十四日には城山も陥落し、西南戦争は終結した。

西南戦争の終結は、士族つまり武士の時代の終わりを意味していた。増田宋太郎も民権と草莽思想による武力蜂起に至り自滅したわけであるが、これ以後、言論による自由民権運動が活発化していくことになる。『田舎新聞』は編集長であった増田の死後も民権論を展開し、言論による政府批判を続けた。

3

西洋化の父・福澤諭吉

「門閥制度は親の敵」と批判して藩を飛び出した福澤諭吉は、英学に出合い、アメリカやヨーロッパ諸国を視察した。文明開化を主張したその思想は、藩体制を解体へと導いていく。

幼少期の福澤諭吉

福澤諭吉は天保五年（一八三四）十二月、大坂堂島にあった中津藩蔵屋敷で生まれた。父の百助《ひゃくすけ》は中津藩の下級士族であり、藩地から蔵屋敷に輸送された米を売り、または担保として富豪層から金を借りるという藩の会計の役人として勤務していた。諭吉には一番上に兄三之助、中に三人の姉があり、諭吉は末っ子であった。父百助は漢学者でもあって常に漢書を収集し、諭吉が生まれた日には明の律について書かれた『上《じょう》諭《ゆ》條例《じょうれい》』という書籍を手に入れて喜んでいた。そこに男子が誕生したということで、諭吉と名づけたという。諭吉は生まれながらに骨太で、頑丈な体格の子であった。天保七年六月、諭吉が三歳の時、父百助は四十五歳で亡くなった。母のお順は五人の子を引き連れて郷里の中津へ帰ることに

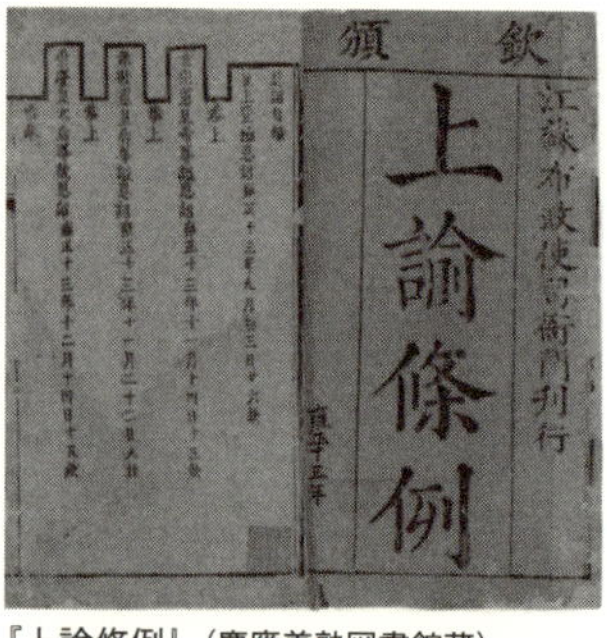

『上諭條例』（慶應義塾図書館蔵）

なり、諭吉は留守居町の母の実家で過ごすことになる。
福澤家は十三石二人扶持に過ぎない下級藩士の家であったので、母は女手一つで仕事と子育てに奮闘した。諭吉は手先が器用だったので、下駄や刀剣の細工などの内職をして母を助けた。当時、藩士の子は塾に通い勉学に努めることを道としていたが、諭吉は十四歳の時にようやく通えるようになったという。二、三度塾を替え、もっとも長く通ったのが、白石照山の塾晩香堂であり、亀井学に傾倒した師から漢学を教えられた。はじめは書を読むことにも遅れをとっていたが、諭吉は理解力が優れていたため、たちまちに漢書を読むことを習得していった。朝、先輩から読み教えられた漢書について、昼にはその人と内容について議論し負かしていたという。

諭吉は幼少の時から、神仏や迷信などに対して少しも信じるところがなかった。ある時、兄が反古紙《ほごがみ》をそろえているところに諭吉がドタバタと踏んで通ったところ、兄が血相を変えて諭吉に「こりゃ待て」と一喝し「お前は目が見えぬか、これを見なさい、何と書いてある、奥平大膳大夫と御名があるではないか」と言いつけた。諭吉はその時は謝ったが、心内では納得がいかず「殿様の頭でも踏みはしなかろう、名の書いてある紙を踏んだからって構うことはなさそうなものだ」と考え、それならば神様の名が書いたお札を踏めばどうなるのだろうと、人が見ていない所でお札を踏んだ。ところが何も起こらない。今度は便所に持って行っ

文久二年（一八六二）、オランダでの福澤諭吉（ハーグ・王室資料館蔵）

福澤諭吉旧居（中津市留守居町）

てこれを踏んでみた。しかしやはり何も起こらないので「そら見たことか」と一人納得していたという。

年寄りが神罰について話そうものなら、叔父の家の稲荷社の扉を開け、中にあった御神体の石を捨て、かわりにそのへんで拾った石を入れ、そうとも知らずにみなが拝むのをおもしろがっていた。そのように諭吉は幼少ながらに神仏・迷信を信じない論理的な思考を備えもっていたようである。

門閥制度は親の敵《かたき》

諭吉が中津時代に終始、不平に感じていたのは、藩士の間にあった門閥制度による差別である。上士・下士、貴賤の間にあった差別は子弟の交際にまで及んでおり、子供同士でも上下の言葉遣いがはっきり区別され、対等の言葉は使われなかった。しかし、塾では学問において優等なのは下士であり、腕力でも負けていなかったから、諭吉はそれがくやしかったのである。また、諭吉が生まれた時に父百助が、この子が大きくなれば寺にやり坊主にすると言っていたようで、諭吉はこれを、門閥の中にあっては何年経っても身分に変化はなく名をなすこともないが、僧侶なら町人・百姓でも大僧正となれるから、それで父は坊主にすると言ったのだろうと理解し、「父の生涯四十五年のその間、封建制度にそくばくせられて何事もできず、むなしく不平をのんで世を去りたるこそ遺憾なれ。また初生児の行く末をはかり、これを坊主にして名を成さしめんとまで決心したるその心中の苦しさ、その愛情の深さ。私は毎度このことを思い出し、封建の門閥制度を憤るとともに、亡き父の心事を察して独り泣くことがあります。私のために門閥制度は親の敵でござる」と語っている。その頃の中津藩の家臣は約一五〇〇人で、その間に一〇〇もの階層が存在しており、福澤家は第四級の中小姓で下士の中では上位であるが、それでも上士との壁は厚く、門閥制度に疑問を感じていたのである。

諭吉は自分よりも身分の低い者に対しては非常に優しく平等に接した。これは母の影響が強かったといえる。諭吉の母は出入りの百姓・町人、こじきに対しても平等に接し、言葉なども丁寧に交わしたそうで、母に育てられた諭吉は、人間は平等であるという精神を母から教えられ身につけたのである。門閥制度への不平と平等の精神がのちに『学問のすゝめ』を著わす根底にあったといえよう。

門閥の壁にあたると常に「馬鹿馬鹿しい、こんな所に誰がいるものか。どうしたってこれはもう出るよりほかにしょうがない」と心に思っており、下士の間で門閥や藩風に対する不平が議論されると「よしなさい馬鹿馬鹿しい。この中津にいる限りはそんな愚論をしても役にたつものでない」と止めていたという。

長崎遊学後、適塾に入門

諭吉が「ただこの中津にいないでどうかして出て行きたいものだと独りそればかり祈っていた」ところ、兄三之助に勧められて、長崎へ遊学することとなった。その前年の嘉永六年（一八五三）、ペリーが率いるアメリカの黒船が浦賀に来航し、開国を迫っていた。外国の近代的な軍艦と大砲を目の当たりにした人々は、国防のための近代的な軍制研究を行うようになっていた。その一つが砲術研究で、三之助も諭吉にオランダ砲術の原書を学ぶべきだと勧め、諭吉は長崎の山本物次郎《やまもとものじろう》という砲術家のもとへ居候することとなった。そこで、オランダ語で書かれた砲術の書物を読み始めたのであるが、はじめはabc二六文字を覚えるのに三日かかったという。次第に横文字にも慣れ、単語・文法を習得するにしたがって、めきめきとその語力を伸ばしていった。「人が読むものなら何でも読めるはず」——これが、諭吉の自信であった。

同じく砲術の研究のため奥平壱岐という家老の倅《せがれ》が長崎へ遊学しており、諭吉の山本家への居候はその壱岐が手配したものであった。しかし、語力を伸ばし山本家の仕事もこなすようになった諭吉を、次第に壱岐は疎《うと》んじるようになり、諭吉を何とか中津に帰そうと画策したようである。母が病気であるから帰省いたせという知らせが諭吉のもとへ届いた。諭吉はこれは壱岐が自分を追い返そうとする策略だとわかっていたが、長崎にとどまることはできないと悟り、中津へは戻らず江戸へ向かおうと決意する。江戸を目指した諭吉であったが、途中、兄が勤める大坂蔵屋敷へ寄った際、兄から大坂にとどまるように勧められ、大坂に住むようになる。大坂では緒方洪庵の適々斎塾（適塾）に入門し、蘭学を学んだ。

緒方洪庵は備中足守の生まれで、大坂の中天游、江戸の坪井信道・宇田川玄真に学び長崎に遊学、蘭医として大坂に適塾を開いた。門下からは、諭吉のほかに大村益次郎、橋本左内、大鳥圭介ら幕末に活躍する多くの人物が出た。洪庵はのちに江戸に出て幕府奥医師兼西洋医学所頭取となっている。諭吉が洪庵の門人となったのは安政三年（一八五六）から同五年までのわずか二年間であったが、その間の青年時代は諭吉の生涯において大きな成長期であったといえる。

安政三年九月、兄三之助がリウマチを患って急死した。兄には男子がなかったため、諭吉は中津に帰り、福澤の家を継ぐことになった。しかし諭吉はふたたび大坂遊学のために母と兄の娘を置いて家を出ることを決めた。母は承知してくれたが、問題は藩である。ただ蘭学修業と願い出れば認めてはもらえないだろうから、諭吉は砲術修業という名目で願書を出した。ペリーの来航後、国内では西洋流の砲術を採り入れなければならないという気運が高まっており、諭吉の願書は難なく受理されたという。

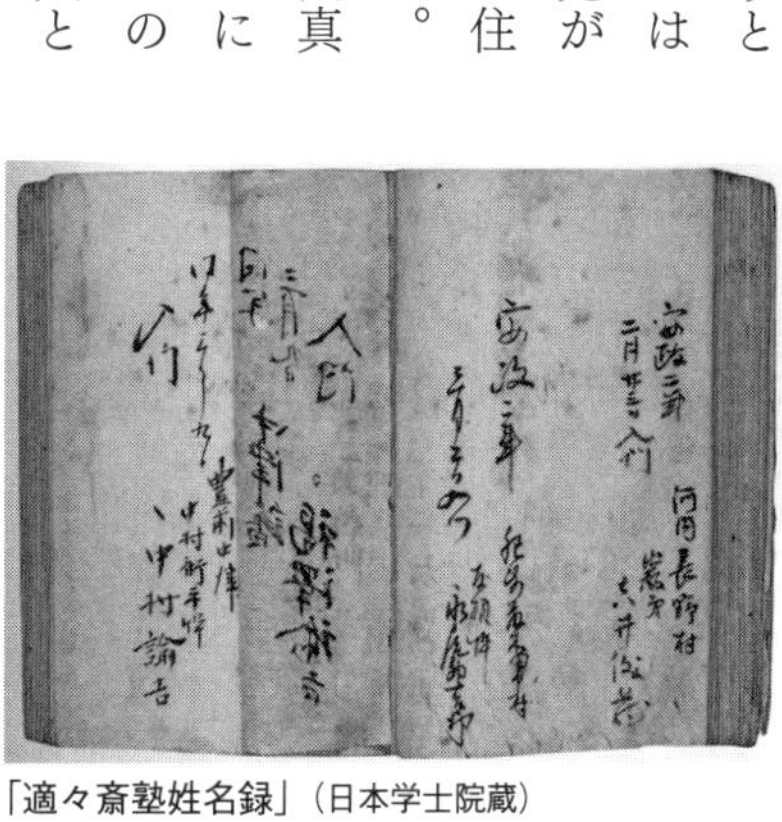

「適々斎塾姓名録」（日本学士院蔵）

諭吉が大坂に行くにはもう一つ問題があった。兄三之助の病気中にかかった費用の借金四〇両の返済である。下級武士の諭吉の家にはそのような大金はなく、結局、父が残した蔵書などを売ることでその代金にあてたという。父百助の蔵書は一五〇〇冊ばかりあったが、中津には買い手がなく、諭吉の先生である白石照山が臼杵藩儒になっていたことから、照山に頼み、蔵書は残らず臼杵藩が買い上げるということになった。現在も臼杵市立図書館にはこの時に売却された福澤家の蔵書が残されている。

家財の整理をし、ようやく大坂の適塾に帰った諭吉は洪庵のもとで、オランダ語のほか、オランダ伝来の医術・砲術・物理・化学など多くの知識を身につけた。適塾の中では語学習得だけではなく、化学実験などの実践的な研究も行われたようで、アンモニアの製造実験などは臭いがひどくて犬が吠えるというようなエピソードも諭吉は書き残している。血のにじむ努力で蘭学を習得した諭吉は、洪庵の信頼を得て適塾の塾長に指名され、後輩の指導にあたった。

英学転向、そして欧米視察へ

安政五年（一八五八）、諭吉は二十五歳の時に江戸の藩邸から呼び出され、鉄砲洲の中屋敷にて藩士に蘭学を教えることとなった。この年、幕府は六月にアメリ

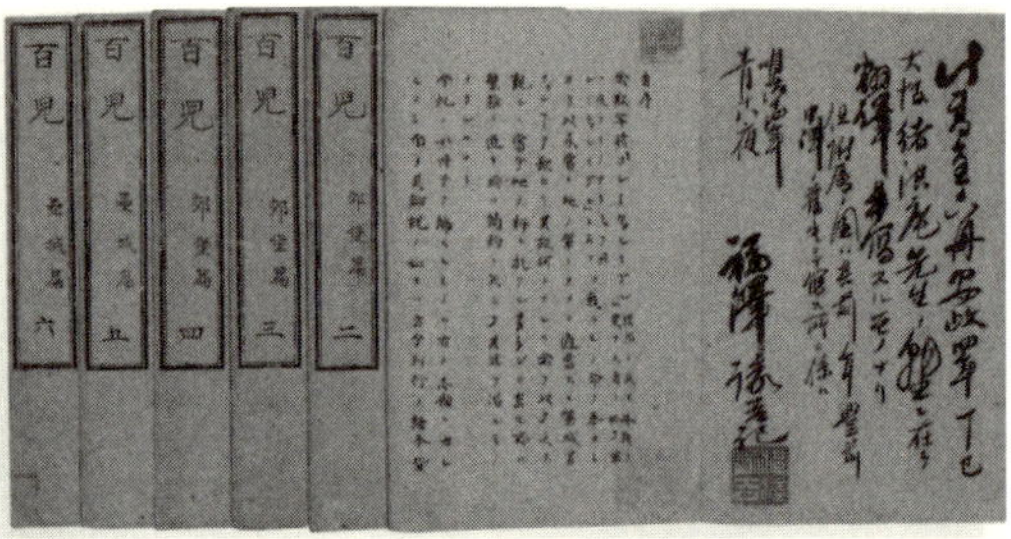

福澤諭吉による最初の翻訳書『ベル築城書訳稿』
（慶應義塾福澤研究センター蔵）

カと締結したのを皮切りに、オランダ、ロシア、イギリス、フランスの五カ国と修好通商条約を締結した。この条約は日本と各国間の自由貿易を骨子としており、開港を目的としていた。この五カ国条約は勅許が得られないまま、幕府の独断で調印されたため、結果、尊皇攘夷運動を激化させる原因となる。翌年、幕府は横浜・長崎・箱館の港を開き、外国人居留地や商人町が設けられ、各国の商人たちが居留するようになった。

さっそく開港したばかりの横浜港を見物しにいった諭吉は言葉が通じないことに驚く。これまで苦労して習得したオランダ語を話してもそこにいる外国人には通じない。店の看板も読めなければビンの貼り紙もわからないという状態に諭吉は落胆したという。日本の学者が必死になって勉強したオランダ語はオランダの言葉でしかなく、当時、欧米の通用語として使われていたのは英語であったのである。

諭吉は一念発起して英学を学ぶことを決め、幕府の長崎通詞で当時、英語の第一人者であった森山栄之助に師事した。しかし、開国したばかりの情勢下で森山は多忙を極めていたので、諭吉は独学で英学研究の道を歩み出したのである。

安政七年一月、諭吉は幕府が日米修好通商条約の批准書交換のために派遣する遣米使節団のことを知り、志願して軍艦奉行木村喜毅《よしたけ》の従者として随行を許された。諭吉が乗った船は勝海舟が艦長を務める咸臨丸《かんりんまる》であった。アメリカまでの往

鈴藤勇次郎筆「咸臨丸難航の図」（複製）
（木村家蔵／横浜開港資料館保管）

路は、ドル箱がひっくり返ったり船内が水浸しになったりと、非常に荒れたようで、勝海舟が船酔いで自室から出てこなかったというエピソードを諭吉は書き残している。ともかくも三十七日間の航海で使節団は無事にアメリカのサンフランシスコに到着した。嘉永六年（一八五三）に初めて蒸気船を見た日本人は、わずか七年後に自力で太平洋横断を果たしたわけである。諭吉もこのことは日本が誇るべきものだと自信をもって言っている。

アメリカ滞在中、諭吉は経済や社会情勢などを見聞した。科学については事前に日本に入ってきた書籍を読んでいたからさほど驚かなかったようであるが、社会の仕組みには大変驚き感心したようだ。最後に『ウェブストル』という英辞書を購入して帰路についている。帰路では、サンフランシスコの写真館で撮ったアメリカ人の少女との写真をみなに自慢し、帰国後もよく人に見せていたという。

帰国後、諭吉は最初の翻訳書『華英通語』を出版し、幕府外国方に出仕、外交文書の翻訳に従事した。その関係もあって文久元年（一八六一）、今度は幕府遣欧使節の随員としてヨーロッパ諸国を歴訪することとなった。およそ一年間滞在の中で、銀行・郵便・議会・病院・学校などの仕組みを視察し、西洋の社会や技術を目の当たりにした。この経験をもとに、慶応二年（一八六六）、欧米で見聞きしたことをまとめ『西洋事情』を発刊している。

元治元年（一八六四）、諭吉は幕府に正式に召し抱えられ、外国方翻訳局に出仕

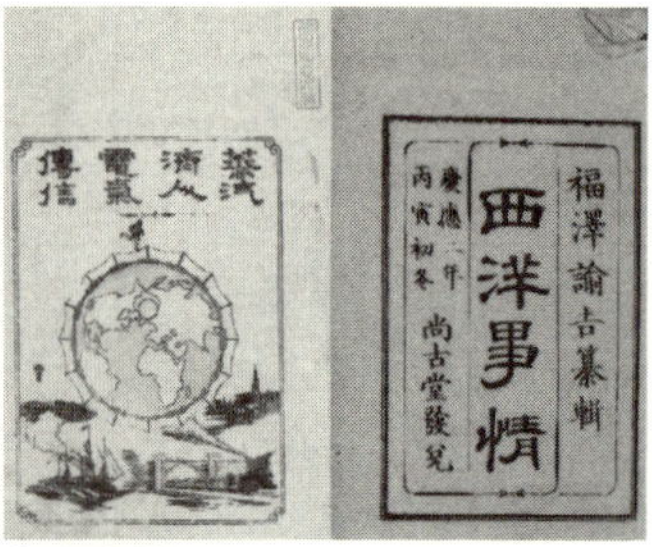

『西洋事情』
（慶應義塾福澤研究センター蔵）

サンフランシスコの写真館で（写真館の娘と）
（慶應義塾福澤研究センター蔵）

した。そして、慶応三年一月、軍艦受け取りの使節団の一員としてふたたび渡米。三度の外国滞在で諭吉の西洋近代文明の見識は深いものとなり、文明開化にむけて活動を始めるのである。

未来を開いた慶應義塾、中津市学校

元治元年(一八六四)、中津に一時帰省し、小幡篤次郎をはじめ六人の子弟を江戸に連れ帰り、塾を開き子弟の教育に努めた。そして慶応四年(一八六八)、塾を新銭座《しんせんざ》の有馬家中屋敷跡に移し、塾舎を建設、「慶應義塾」と名づける。時は戊辰戦争の真っただ中であり、新政府軍が江戸城に入城をした頃である。『福翁自伝』には「明治元年の五月、上野に大戦争がはじまって、その前後は江戸市中の芝居も寄席も見世物も料理茶屋も皆休んでしまって、八百八町は真の闇、何が何やらわからない程の混乱なれども、私はその戦争の日も塾の課業をやめない。上野ではどんどん鉄砲を打っている。けれども上野と新銭座とは二里も離れていて鉄砲玉の飛んでくる気遣いはないというので、丁度あの時私は英書で経済の講釈をしていました」と記され、世の中にいかなる変乱が

文久二年(一八六二)、ロンドンで
(慶應義塾福澤研究センター蔵)

安田靫彦筆「福澤諭吉ウェーランド経済書講述図」
(慶應義塾福澤研究センター蔵)

あろうとも洋学の命脈は絶やさないという諭吉の主張があふれ出ている。

諭吉は第一回の渡米から明治八年（一八七五）までの間に二〇点を超える著書を書いた。主なものとして『西洋事情』『学問のすゝめ』『世界国尽《せかいくにづくし》』『文明論之概略』があげられる。明治十五年三月、『時事新報』を創刊し、諭吉は日本の政治・経済・社会に対してさまざまな発言を行った。明治二十三年に慶應義塾大学部が発足、文学・理財・法律の三科が置かれ、ハーバード大学などから外国人教授が迎えられている。

諭吉はかねてから郷里中津に学校を開くことを志し、『学問のすゝめ』の草稿を書いていた。そして明治四年十一月、中津では諭吉の提言を受けて、旧藩主奥平昌邁《まさゆき》と藩士による共同出資で、小幡篤次郎、浜野定四郎、松山棟庵らが発起人となって、三ノ丁に中津市学校が設立された。昌邁による「中津市学校之記」にはその設立の趣旨を諭吉の『学問のすゝめ』にもとめている。

初代校長は小幡篤次郎で、『学問のすゝめ』の共著者としても記されているほど、諭吉の信頼が厚かった人物である。篤次郎は天保十三年（一八四二）に中津で生まれ、藩校進脩館に学び、元治元年、諭吉に乞われて江戸に下り諭吉の塾に入学した。塾では生徒の代表格で、後輩の指導にもあたったという。市学校校長のほかにも慶應義塾塾長・貴族院議員などを経験し、慶應義塾の発展や中津の近代化に努めた人物であった。

『学問のすゝめ』
（慶應義塾福澤研究センター蔵）

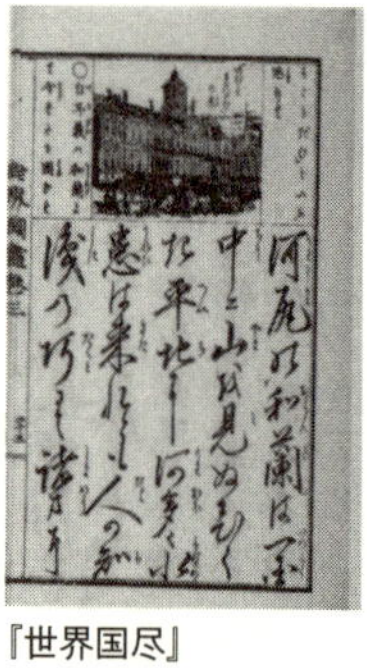
『世界国尽』
（慶應義塾福澤研究センター蔵）

『文明論之概略』
（慶應義塾福澤研究センター蔵）

中津市学校は本科と別科に分かれており、本科では主に英語、別科では翻訳や数学・国学・漢学なども教授された。教師は中上川《なかみがわ》彦次郎や須田辰次郎など、慶應義塾で教鞭をとっていた講師が派遣され、慶應義塾の分校のような位置づけにあったようである。

晩年の諭吉は、さまざまな社会貢献を行ったようで、災害があれば義捐金《ぎえんきん》を募集・寄付している。また、耶馬溪競秀峰の景観保全にも尽力した。競秀峰が売りに出されていることを知った諭吉は、心ない者が購入して樹木を伐採すれば景観が失われることを憂い、自ら土地を購入して景観の保存に努めた。明治三十四年二月三日、脳出血により逝去。六十七歳であった。葬儀は港区元麻布の善福寺で行われた。遺体は品川区上大崎の常光寺に埋葬されたが、昭和五十二年（一九七七）に善福寺に改葬された。

中津の藩体制を解体させたのは、渡辺国学に始まり増田宋太郎に受け継がれた尊皇攘夷思想と、福澤諭吉が説き小幡篤次郎らに引き継がれた文明開化思想であったといえる。両者は相反する対照的な生き方・考え方であったが、結果的にみれば、国権の確立による独立国家近代日本を目指した行動という意味では、両者がいなければ果たされなかったのではなかろうか。増田宋太郎と福澤諭吉の遺志は、のちに言論による自由民権運動へと結びつき、中津、そして日本の近代化を躍進させていったのである。

明治三十三年（一九〇〇）に撮影された福澤諭吉（慶應義塾福澤研究センター蔵）

これも中津

寺町めぐり

寺町筋

中津城下の東、もとの外堀に沿って寺院が林立している。寺町といい、城の東の守りとして造られた町だ。町筋の十一の寺院の屋根が寺町の雰囲気を醸し出している。寺町筋の寺院は、中世以前の開創とされる安随寺・普門院・地蔵院（廃絶）と黒田時代の合元寺・円応寺・西蓮寺、細川時代の宝蓮坊・大法寺・本伝寺、小笠原時代の円龍寺・浄安寺、奥平時代の松厳寺で構成される。付近には東林寺（鷹匠町）・寿福寺（同）・明蓮寺（桜町）などもあり、寺町の一部として配置されたようである。ここでは小笠原時代の二カ寺と奥平時代の寺院を紹介しよう。

円龍寺

円龍寺は浄土宗の寺で、寛永九年（一六三二）に小笠原長次が中津藩主として入国した際に専誉上人を開山として開いた。本尊は阿弥陀如来。門をくぐって左手に観音堂と閻魔堂がある。閻魔堂には、江戸時代の造立と思われる閻魔大王像と葬頭河婆像が安置され、江戸時代以来の閻魔信仰を今に伝えている。一説ではこの像は中津藩の武士が箱根山で災難に遭い、閻魔大王への祈願によって救われたことを感謝し、山国川の畔に造立したものだといわれる。

円龍寺閻魔堂

浄安寺

浄安寺は寛永十七年（一六四〇）に、小笠原長次の祖父貞慶の従弟である長継の菩提を弔うため、長継の長男政直が建立した。

寺には小笠原藩の絵師海北友僊の手による「大涅槃図」や「維摩居士図」などの絵画が、小笠原家から寄進された文物として伝えられている。中でも本尊阿弥陀如来立像は、平安時代後期の作とみられており、小笠原家が入国した際に持ち込んだものと考えられている。

松巌寺

松巌寺はもともと延宝六年（一六七八）、奥平信昌から数えて四代目の奥平昌章が、実父五島淡路守盛勝の菩提を弔うために下野国宇都宮に建立したことに始まる。臨済宗妙心寺派で開山は伽山良茂禅師。享保二年（一七一七）、奥平家の中津藩転封にともないこの地に移転した。

とうろう祭（七観音参り）

毎年八月九日の夜、寺町周辺の道や寺の境内に紙灯籠が並べられ明かりが灯される。灯籠の火が道を照らす中、七つの寺をめぐる「七観音参り」が行なわれる。

浄安寺

松巌寺

あかかべ前の灯籠

これも中津

資料館めぐり

中津市歴史民俗資料館

中津市歴史民俗資料館

中津市歴史民俗資料館は、慶應義塾で福澤諭吉に次いで尊敬を集めた、小幡篤次郎の生誕地にある。篤次郎の遺言により、生誕地に蔵書を元に、明治四十二年（一九〇九）に小幡記念図書館が建設・開館された。その後、昭和十三年（一九三八）に改築され、近年、施設が手狭になったことから図書館は隣接地へ新築移転し、旧小幡記念図書館の建物は中津市歴史民俗資料館として再出発した。

資料館の建物は、昭和初期の建築物として建築学的に見て貴重であると認定され、平成九年（一九九七）に、国の登録文化財に登録された。館内には市内から発掘された出土遺物や、城下町に残された文化財を多く展示している。

村上医家史料館

村上医家は、初代の宗伯が寛永十七年（一六四〇）に諸町に開業して以来、現在まで医者として続いており、数千点に及ぶ近世・近代の医家史料が残されている。幕末に建築された旧医院の建物を、村上医家史料館として開館し、村上医家史料や人体解剖を中心とした医学の歴史を中心に展示している。

大江医家史料館

大江医家は宝暦八年（一七五八）、初代玄仙以来、中津藩御典医として続いた家であり、蘭学関係の貴重な史料が残されている。村上医家と同様、幕末の建物を史料館として開館し、「医は不仁の術努めて仁をなさんと欲す」という大江家訓の軸や『解体新書』などの書籍を展示している。

耶馬溪風物館

耶馬溪風物館は、明治の頃、広島の漢学者小野桜山が全国行脚により収集した古書一万冊を収蔵した馬溪文庫を起源とし、今に至る。現在は三二〇五巻、七八〇〇冊余りを所蔵し、その一部のほか桜山のコレクションであった掛軸、屏風なども展示している。また、三十年もの歳月をかけて隧道を貫通させた禅海和尚に関する資料や、一昔前、この地方で使われていた民具や農具、旧下毛郡内で出土した考古遺物など、耶馬溪地方に関係する多数の文化財を展示している。

エピローグ

中津市が誕生するまで

明治十一年（一八七八）に制定された三新法により、大分県は一二郡に分けられ九町一八二八村となった。これにより下毛郡には中津町と六四村が成立したのであるが、その行政区分の矛盾が露見し、政府は明治十七年（一八八四）に一区四〜五〇〇戸の町村連合への改編を行い、下毛郡は二五区の連合村が生まれそれぞれに町村連合役場が設置された。

明治二十一年四月、市町村制が施行されて、町村連合に基づいて大規模な合併が行なわれた。これにより下毛郡は一町二五村に編制され、中津町には三ノ丁に中津町役場が新築された。

学制についてはその公布前に、福澤諭吉らによる中津市学校の設立があったが、明治五年（一八七二）に学制が公布されると、下毛郡には七校の小学校が設置されている。教科書には福澤の『西洋事情』や『学問のすゝめ』などが採用され、郷土を文明開化に導いた。明治十二年（一八七九）には中津中学校が設立され中等教育も行なわれた。

明治九年（一八七六）中津警察署・中津区裁判所などが発足、翌年には電信局が開設するなど、行政機構についても近代化が進められた。明治十一年（一八七八）には下毛郡役所が設置されている。

商業・農業も発展が進み、農村では桑栽培と養蚕が副業として取り入れられ、それを原材料として近代的な製糸工場が経営された。また、綿花の栽培も幕末から行なわれており、近代に入ると大規模な紡績工場が開設された。これら大規模工業の発展は、北九州の工業地帯と中津を結ぶ豊州鉄道の開設によるものであった。

鉄道は明治二十三年（一八九〇）の豊州鉄道の敷設に始まり、明治三十四年の国鉄による豊州線の買収（日豊線）、そして大正二年（一九一三）の耶馬渓鉄道敷設によって下毛郡内を繋いだ。中津は、原料を産出し製品を消費する農村と中津そして北九州という工業地を結んだことで大きな発展を遂げた。

大正十四年（一九二五）、中津町と豊田村・大江村が合併。昭和四年（一九二九）には小楠村を合併、中津市が誕生して市制が施行された。戦時体制に入ると神戸製鋼などの軍需工場が設立され、経済・軍事の強化のもとに昭和十八年（一九四三）、中津市は鶴居村・大幡村・如水村を合併。戦後、昭和二十九年（一九五四）に和田村、翌年に今津町が合併し、平成の大合併まで中津市として成長した。

自治体の広域化による行政財政基盤の強化を目的として、平成の大合併が政府の主導で行なわれた。そして平成十七年（二〇〇五）、中津市と下毛郡の三光村・本耶馬渓町・耶馬溪町・山国町の五市町村が合併し、現在の中津市となったのである。

五市町村の合併によって近世以前の下毛郡域がそのまま市域となった中津市は、『山国川の

「みず」と耶馬の「もり」のめぐみを受け、「ひと」が育ち、癒され、たゆみなく「もの」がうまれる「人にやさしい」まち〝なかつ〟』をスローガンにまちづくりを行なっている。

平成二十四年七月、中津市域にめぐみを与えてきた山国川が、二度の大氾濫を起こした。梅雨前線の影響で集中的な豪雨が九州地方を襲い、各地で河川の氾濫が相次いだ。山国川沿いではのべ三七〇軒を超える住宅の浸水被害をもたらし、現在も復興活動が続けられている。

自然は人々に豊かなめぐみをもたらしてくれるとともに、何かのきっかけで大災害をもたらす危険もはらんでいる。江戸時代の人々もまた、この自然との共生を行なってきた。多くの恩恵を受け、多くの災害に見舞われた。

これからも人は常に自然と隣り合わせで生きていかなければならない。高度な技術をもって自然災害をふせぐことは第一に必要なことであるが、その一方で自然とうまく向き合い共生の道を模索するのも、現在の私たちが取り組むべき課題なのである。

あとがき

私は中津の生まれではない。もともと大学で日本中世史を学び、石造文化財の研究を行なってきた。そして、中津市本耶馬渓町にある羅漢寺五百羅漢の調査を始めることになり、その歴史的価値について研究する機会を得た。もの言わぬ石仏たちが、調書を取り、史料を探し出して読み込んでいくことで、次第に語りかけてくるような気がしてどんどんその魅力にとりつかれていった。

中津市で暮らすようになって二年がたとうとした頃、当時、大分県立先哲史料館館長であられた平井義人先生から、中津藩の歴史について執筆してみないかと声をかけていただいた。もともと中世史を専門にしてきた私に、近世の藩政史を書くことができるのだろうかと躊躇したのだが、地方史にたずさわる若い研究者にとっての良い機会だからという平井先生のお言葉に、やってみようと決意した次第である。

引き受けたはいいが、何からはじめればよいかわからず、まだ住んで二年の中津の町をひたすら歩き、市町村史や藩政関係の書籍を読みあさって少しずつ中津藩の歴史を理解していった。そして知れば知る程、藩政史のむずかしさと、一冊の本にするということの大変さを痛感することとなった。

まず悩んだのは、中津藩の物語の始まりをどこにするかであった。江戸幕府の成立を幕藩体制の始まりと考えれば、中津の場合、細川忠興が初代藩主といえる。しかし、やはり中世社会から近世へと時代をかえたのは織田信長や豊臣秀吉であり、特に秀吉による太閤検地などの政策は近世社会への移り変わりを意味している。そこで、本書は秀吉の軍師として天下を動かし、大名として豊前中津に入部した黒田官兵衛を初代として中津藩の始まりとした。私自身が中世史の専門ということもあるが、中世的世界を壊して近世社会を築いた官兵衛の行動・思想は興味深い。

そして、その黒田官兵衛が築き上げた近世社会を壊して近代化を進めたのが、福澤諭吉である。幕藩体制下で出来上がった門閥制度を批判し、日本の近代化に大きく影響を与えた福澤諭吉の思想は官兵衛に通じる何かがある。

二人の改革者の間にあった藩政期にも、藩主の交代、商工業の発展、災害や飢饉、文化の興隆など、多くの歴史やエピソードがある。本書を通して、中津の歴史の一端を少しでも多くの人に知っていただければ幸いである。

最後になりましたが、本書発刊の機縁を作っていただいた平井義人先生、本書の完成にご尽力いただいた菊地泰博社長ならびに編集部のみなさま、そして、支えてくれた妻と生まれたばかりの娘に感謝の意を捧げます。

参考・引用文献

『黒田家譜』貝原益軒編（歴史図書社）
『古郷物語』（防長史料出版社）
『陰徳太平記』香川正矩編（犬山仙之助）
『城井軍記実録』渡辺義春著（『豊前宇都宮興亡史』所収）
『城井闘争記』池永教明著（『中津古文書』所収）
『中津興廃記』（『奥平中津藩の農村研究』所収）
『福翁自伝』福澤諭吉著（岩波書店）
『中津歴史』広池千九郎著（防長史料出版社）
『中津古文書』山本利夫編（豊光舎）
『下毛郡史』山本利夫編（博文館印刷所）
『扇城遺聞』赤松文二郎編（名著出版）
『下毛郡誌』下毛郡教育会編（名著出版）
『中津藩史』黒屋直房著（碧雲荘）
『築上郡史』豊前市教育振興会
『中津市史』中津市史刊行会
『三光村誌』三光村誌刊行委員会
『本耶馬渓町史』本耶馬渓町史刊行会
『耶馬溪町史』耶馬溪町史編纂委員会
『新吉富村誌』新吉富村誌編集室編
『豊前市史』豊前市史編纂委員会
『築城町誌』築城町誌編纂委員会
『中津の歴史』今永清二編（中津市刊行会）
『惣町大帳』中津藩史料刊行会
『市令録』中津市立小幡記念図書館
『中津藩　歴史と風土』半田隆夫著（中津市立小幡記念図書館）
『中津・日田・玖珠の歴史』豊田寛三編（郷土出版社）
『大分歴史事典』大分放送
外園豊基著「豊臣期黒田氏豊前入部と一揆」（渡辺澄夫編『九州中世社会の研究』所収）
『豊前一戸城物語―戦国中間史―』溝渕芳正著（耶馬溪町郷土史研究会）
『豊前宇都宮興亡史』小川武志著（海鳥社）
『鎮西宇都宮氏の歴史』則松弘明著（翠峰堂）
『黒田如水のすべて』安藤英男編（新人物往来社）
『黒田如水』小和田哲男著（ミネルヴァ書房）
『物語中津藩の歴史上・下』原田種純著（歴史図書社）
『中・近世の豊前紀行記』古賀武夫編（美夜古郷土史学校）
『物語耶馬渓案内記』松林史郎著（海鳥社）
『蘭学の泉ここに湧く』川嶌眞人著（西日本臨床医学研究所）
『医は不仁の術　努めて仁をなさんと欲す』川嶌眞人著（西日本臨床医学研究所）
『奥平中津藩の農村研究』秋吉和夫著（川原田印刷社）
『村上玄水資料』ヴォルフガング・ミヒェル編
『九州の蘭学―越境と交流』ヴォルフガング・ミヒェル・鳥井裕美子・川嶌眞人編（思文閣出版）
『八幡神とはなにか』飯沼賢司著（角川学芸出版）
『豊前・中津「田舎新聞」「田舎新報」の研究』野田秋生著（エヌワイ企画）
『中津祇園』中津祇園研究会

三谷紘平（みたに・こうへい）
昭和五十七年（一九八二）大分県別府市生まれ。別府大学大学院文学研究科文化財学専攻博士後期課程満期退学。
現在、中津市教育委員会文化財課に勤務。

シリーズ藩《はん》物《もの》語《がたり》 **中《なか》津《つ》藩《はん》**

二〇一四年五月二十日　第一版第一刷発行

著者――三谷紘平
発行者――菊地泰博
発行所――株式会社 現代書館
東京都千代田区飯田橋三―二―五　郵便番号 102-0072　http://www.gendaishokan.co.jp/
電話 03-3221-1321　FAX 03-3262-5906　振替 00120-3-83725
組版――デザイン・編集室 エディット
装丁――中山銀士＋杉山健慈
印刷――平河工業社（本文）東光印刷所（カバー・表紙・見返し・帯）
製本――越後堂製本
編集――二又和仁
編集協力――黒澤　務
校正協力――岩田純子

©2014 Printed in Japan　ISBN978-4-7684-7134-0
●定価はカバーに表示してあります。乱丁・落丁本はお取り替えいたします。
●本書の一部あるいは全部を無断で利用（コピー等）することは、著作権法上の例外を除き禁じられています。但し、視覚障害その他の理由で活字のままでこの本を利用出来ない人のために、営利を目的とする場合を除き、「録音図書」「点字図書」「拡大写本」の製作を認めます。その際は事前に当社までご連絡下さい。

江戸末期の各藩

松前、八戸、七戸、黒石、**弘前**、**盛岡**、**一関**、秋田、亀田、本荘、秋田新田、仙台、松山、**新庄**、**庄内**、天童、長瀞、**山形**、上山、**米沢**、米沢新田、相馬、福島、**二本松**、三春、**会津**、**守山**、棚倉、平、湯長谷、泉、**村上**、黒川、三日市、**新発田**、村松、三根山、与板、**長岡**、椎谷、**高田**、糸魚川、松岡、笠間、宍戸、**水戸**、下館、結城、**古河**、下妻、府中、土浦、麻生、谷田部、牛久、大田原、黒羽、烏山、喜連川、**宇都宮・高徳**、壬生、吹上、**足利**、佐野、関宿、高岡、佐倉、小見川、多古、一宮、生実、鶴牧、久留里、大多喜、請西、飯野、佐貫、勝山、館山、岩槻、忍、岡部、川越、沼田、前橋、伊勢崎、館林、高崎、吉井、小幡、安中、七日市、飯山、須坂、**松代**、**上田**、**小諸**、岩村田、田野口、**松本**、諏訪、**高遠**、飯田、金沢、荻野山中、小田原、沼津、小島、田中、掛川、相良、横須賀、浜松、富山、加賀、大聖寺、郡上、高富、苗木、岩村、加納、大垣、高須、今尾、犬山、挙母、岡崎、西大平、西尾、吉田、田原、大垣新田、尾張、刈谷、西端、長島、**桑名**、神戸、菰野、亀山、津、久居、鳥羽、宮川、彦根、大溝、山上、西大路、三上、膳所、水口、丸岡、勝山、大野、**福井**、鯖江、敦賀、小浜、淀、新宮、田辺、紀州、峯山、宮津、田辺、綾部、山家、園部、亀山、福知山、柳生、柳本、芝村、郡山、小泉、櫛羅、高取、高槻、麻田、丹南、狭山、岸和田、伯太、豊岡、出石、柏原、篠山、尼崎、三田、三草、明石、小野、姫路、林田、安志、龍野、山崎、三日月、赤穂、鳥取、若桜、鹿野、津山、勝山、新見、岡山、庭瀬、足守、岡田、岡山新田、浅尾、松山、鴨方、福山、広島、広島新田、高松、丸亀、多度津、西条、小松、今治、松山、新谷、大洲、**伊予吉田**、**宇和島**、徳島、**土佐**、土佐新田、**松江**、広瀬、母里、浜田、津和野、岩国、徳山、長州、長府、清末、小倉、小倉新田、福岡、秋月、**久留米**、柳河、三池、蓮池、唐津、**佐賀**、小城、鹿島、大村、島原、平戸、平戸新田、**中津**、杵築、日出、府内、臼杵、**佐伯**、森、**岡**、熊本、熊本新田、宇土、人吉、延岡、高鍋、佐土原、飫肥、薩摩、対馬、五島（各藩名は版籍奉還時を基準とし、藩主家名ではなく、地名で統一した）

★太字は既刊

シリーズ藩物語・別冊『それぞれの戊辰戦争』（佐藤竜一著、一六〇〇円＋税）

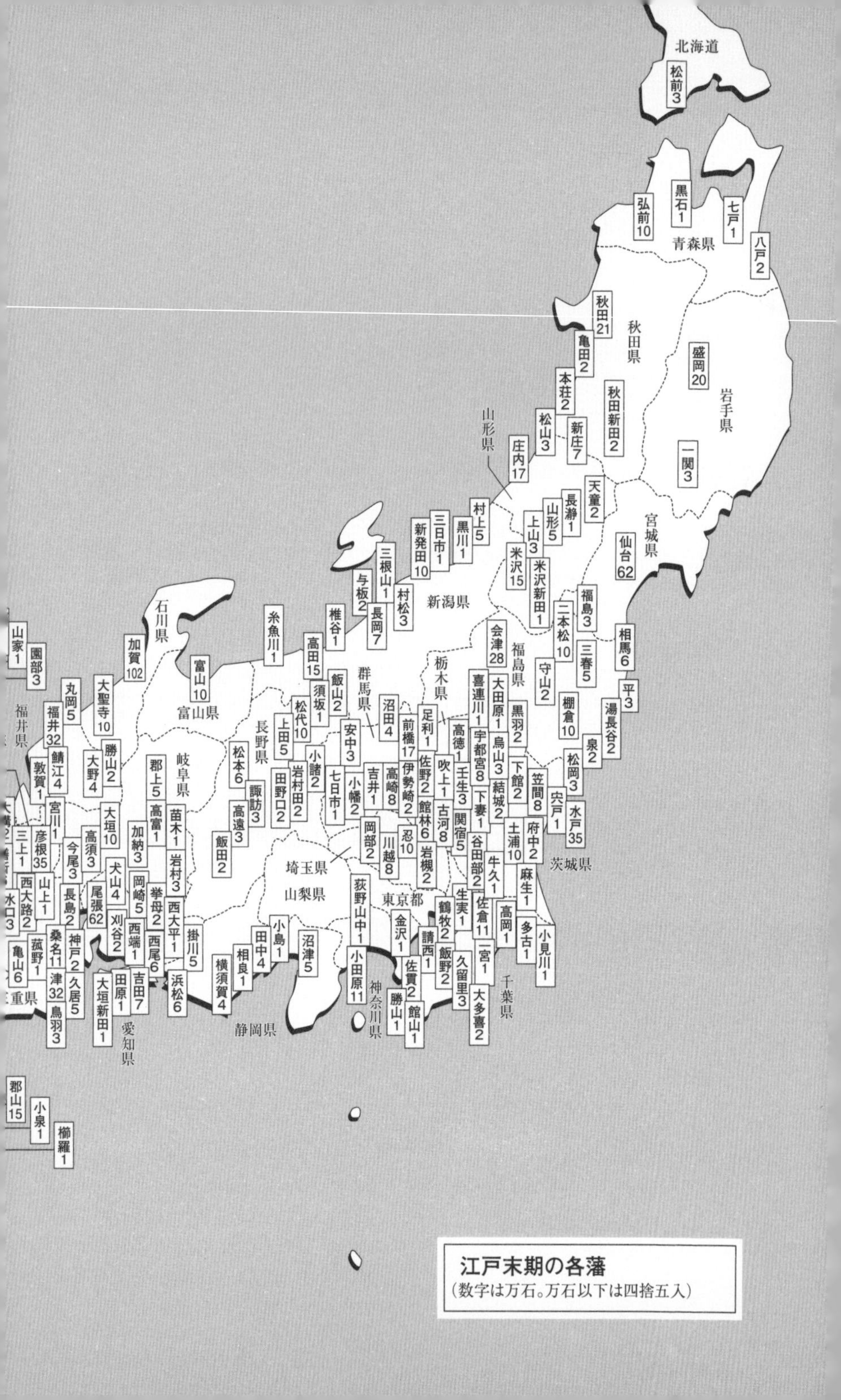

江戸末期の各藩
（数字は万石。万石以下は四捨五入）